MW01713583

RITME

Marli Huijer

RITME

Op zoek naar een terugkerende tijd

Klement

Omslagontwerp: Prezns – Marco Bolsenbroek

ISBN 978 90 8687 082 0

Voor Reinjan, Daan en Nico

Inhoud

Eigen ritme

Ritme is discipline en vrijheid in één. Het is de discipline om iets twee, drie of honderd keer over te doen én het is de vrijheid om binnen die herhaling te improviseren en nieuwe dingen te ontdekken. Het is de discipline van de drummer om de maat te slaan, en de vrijheid om binnen de zich herhalende slag variaties aan te brengen. Het is ook de discipline van de automobilist om bij herhaling over hetzelfde stuk snelweg te rijden en de vrijheid om dat met wisselende snelheid te doen. Of de discipline om elke dag hetzelfde te doen en de vrijheid om daarin steeds weer nieuwe taken aan te vatten.

De vrijheid is het aangename deel van het ritme. Maar zonder de herhaling, die de vrijheid mogelijk maakt, kan het behoorlijk saai zijn.

Die beide kanten van ritme overvielen me regelmatig in de maanden waarin ik dit boek afrondde. Ik had mezelf een strakke regelmaat opgelegd: elke dag op dezelfde tijd op, aan het werk, lunchpauze, weer werken, een half uur sporten, eten, uitrusten en naar bed. Zes dagen op, één dag af. Maar het was lente. Buiten was het prachtig weer. Vrienden en vriendinnen belden of ik mee naar de film ging, naar een concert, of een drankje op een terras kwam drinken.

Ik was gedisciplineerd en besloot overal 'nee' op te zeggen. Maar regelmatig begon het te kriebelen en wilde ik de stad in, mensen ontmoeten, nieuwe dingen horen en zien. Hoe die energie vast te houden en toch stil te zitten?

'Zitten blijven', sprak ik mezelf toe. Maar mijn lichaam luisterde daar maar half naar, de spieren stonden strak, het hart pompte met kracht het bloed rond, de longen waren wijd open. Vooral 's ochtends had ik er last van. Zodra ik wakker werd, was er een fysieke drang om snel aan te kleden, een boterham naar binnen te werken, het huis te verlaten en te rennen om de metro te halen. Mijn gestel had zich aangepast aan mijn leefstijl en dat beviel lichaam en geest prima. Elke dag gebeurden er dingen, waar ik 's avonds met plezier op terugkeek, en dat waren nooit helemaal dezelfde dingen. Hoe in een ander ritme te komen?

Afgelopen jaar hebben we in Den Haag werkgroepen *close reading* gedaan. In het kader van de Minor 'Filosofie en Beroepspraktijk' lazen we met studenten *De Ambachtsman* van Richard Sennett. In de herlezing kreeg dat wat oppervlakkig gezien eenvoudig leek een diepere lading. Er werden verbanden zichtbaar die bij eerste lezing niet opvielen. Een van de studenten worstelde met dat bij herhaling lezen van de tekst: 'Ik kan niet zo lang stilzitten', verzuchtte hij. Het ging beter toen hij bij Sennett las dat we in de herhaling in elke vaardigheid plezier kunnen krijgen. Wanneer we ons dagelijks oefenen, in het vioolspelen, het schrijven of het lezen, en elke dag iets langer, dan krijgen we er vanzelf plezier in. Daardoor kunnen we het op den duur steeds langer volhouden.

Maar toen ik bij het afronden van dit boek zelf niet genoeg zitvlees bleek te hebben, werd ik door vertwijfeling overvallen. In plaats van me over te geven aan de regelmaat van het schrijven, zou ik liever op reis gaan.

Na een paar weken was dat gevoel over. Ineens kon ik stilzitten, urenlang, zonder me een minuut te vervelen. De herhaling en regelmaat die me aanvankelijk lamlendig maakten, gaven nu houvast: zoveel uur schrijven, zoveel uur rust. Ongemerkt had ik ook een patroon aangebracht in mijn werken: vier dagen lang telde ik de dagen op vanaf de voorbije vrije dag, om op de vijfde dag de blik te keren naar de vrije dag die eraan kwam: nog twee dagen en ik was weer vrij. Het ritme dat op deze manier ontstond, maakte me ontspannen. Ik ging genieten van het schrijven.

Zou je zo aan elk leefritme kunnen wennen?, vroeg ik me af. Zou het menselijke lichaam zich na enkele weken of maanden aan elk nieuw ritme aanpassen? Kunnen we ons een siësta aanleren? Zouden we kunnen wennen aan een tiendaagse week? Zoals we ons na een jetlag ook aan een nieuw dag-en-nachtritme aanpassen; zoals we ons steeds weer aanpassen aan de zomer- en wintertijd; en zoals je geliefden hun ritmes aan die van de ander ziet aanpassen. Soms blijkt iemand dan minder een avond- of ochtendmens te zijn dan men van zichzelf dacht. Zou met wat discipline elk ochtendmens in een avondmens zijn te veranderen, en elk avondmens in een ochtendmens?

De vraag achter deze praktische vragen is die naar de verhouding tussen natuur en cultuur. De echte ochtend- of avondmens is ervan overtuigd dat het uur waarop hij opstaat en naar bed gaat in zijn natuur zit. Hij verwijst naar de biologie om zijn standpunt kracht bij te zetten. Maar mensen die last hebben van partners of collega's die al te vroeg of al te laat opstaan en naar bed gaan, weten zeker dat het aangeleerd is. Zij verwijzen naar de sociologie of pedagogie.

Zelf behoor ik tot een categorie die geen naam heeft: de 'achtuurslaper'. Ga ik vroeg naar bed dan word ik vroeg wakker. Ga ik laat naar bed dan slaap ik een gat in de dag. Je zou denken dat zoiets alleen is weggelegd voor pubers en jong volwassenen, maar ook slapen kun je leren, zo is mijn ervaring. Als je jezelf na een korte nacht dwingt om in bed te blijven liggen, val je vanzelf weer in slaap – ook al ben je geen achttien meer. De discipline om acht uur te slapen geeft de vrijheid om je nu eens als een ochtendmens dan weer als een avondmens te gedragen.

Het achtuurslapen-ritme is maar een van de vele ritmes waarnaar een mens kan leven. Voor elk doel dat iemand zichzelf stelt, zijn andere ritmes denkbaar. Zo werkt Sacha de Boer de ene week als nieuwslezeres bij het NOS-journaal om de andere week als fotograaf door het leven te gaan. Door dat tweewekelijkse ritme slaagt ze erin beide dingen goed te doen. De romanschrijver Gerbrand Bakker schrijft zeven ochtenden per week, van negen tot twaalf uur, om daarna als hovenier te werken. De mentale uitputting die volgt op het intensieve schrijven compenseert hij met lichamelijk werk.

Zo'n zelfopgelegd ritme zouden we een 'eigen ritme' kunnen noemen. 'Eigen' in dubbele zin: iemand heeft zich dat ritme eigen gemaakt. En het is hem eigen. Een ritme kan in de toe-eigening zo eigen worden, dat het een tweede natuur wordt. Hij of zij kan zich dan niet meer voorstellen dat het ooit anders is geweest. Maar het is aangeleerd.

'Eigen' hoeft niet te betekenen dat wij de enige zijn die zo'n ritme hebben, of dat we geen anderen nodig hebben om tot dat 'eigen' ritme te komen. Elk 'eigen' ritme hangt samen met ritmes van anderen en van de omgeving. Sacha de Boer is voor haar tweewekelijkse ritme afhankelijk van NOS-collega's die werken als zij afwezig is, en die vrij nemen als zij aanwezig is. Gerbrand Bakker is voor zijn schrijven afhankelijk van de ritmes van degenen die om hem heen wonen, leven of werken. Een omgeving die in de ochtenduren veel lawaai produceert of om hulp vraagt, zal zijn schrijven niet bevorderen. Tenzij hij ook dat weer in zijn ritme heeft ingepast.

Dat wil zeggen dat ritmes ook het veelvoudige en enkelvoudige in één zijn. Er is een veelheid aan ritmische verschijnselen die het alledaagse leven vormgeven en er is het unieke, enkelvoudige, 'eigen' ritme van elk ding en elk mens. Het enkelvoudige ritme (de hartslag, de slaap, de spijsvertering, het werk) wordt beïnvloed door de veelvoudige ritmes die het alledaagse leven kleur geven (ritmes van vervoersmiddelen, het dag-en-nachtritme, sluitingstijden, seizoensritmes).

Hoe het veelvoudige en enkelvoudige samengaan, maar ook hoe discipline samengaat met vrijheid, herhaling met vernieuwing, en natuur met cultuur, dat is het onderwerp van dit boek. Hoe verhoudt het ritme van de smartphone zich tot het ritme van de slaap? Kan het menstruatieritme in plaats van een last een vorm van doping zijn die sportvrouwen tot topprestaties brengt? Hoe verhouden religieuze ritmes zich tot bioritmes? Welke invloed hebben ritmes van *dance* op het levensritme van jongeren? Helpt inzicht in eigen ritmes om zelfgestelde doelen te bereiken?

Wat mijn 'eigen' ritme aangaat: nu dit boek af is ruil ik het regelmatige ritme van het schrijven weer in voor de ritmes van het snelle ontbijt, de metro, de trein, de studenten, de vergaderingen, de terrasjes, de films, de cafés en de mensen om me heen. Ook dat ritme zal tijdelijk zijn. Het zoeken en me toe-eigenen van steeds weer nieuwe vormen van discipline, die passen bij de doelen die me voor ogen staan, horen bij de vrijheid van het levensritme.

Amsterdam, juli 2011

Tussen de linker- en de rechterschoen

Tijdservaring en levensritme

Elke ochtend, tussen het aandoen
van zijn linker- en zijn rechterschoen
trekt zijn hele leven even langs.
Soms komt de rechterschoen er dan
bijna niet meer van.

JUDITH HERZBERG[1]

Dag in dag uit trekken we onze schoenen aan. Eerst de linker en dan de rechter. Of andersom. Tussen het aantrekken van de ene en de andere schoen iets anders doen zou vreemd zijn, het zou de ritmiek van het schoenen aantrekken verstoren.

Ook veel andere dagelijkse handelingen voeren we uit in een vast ritme. We stappen uit bed, eten, werken en gaan weer slapen. De optelsom van die alledaagse handelingen geeft ritme aan het bestaan. Ze structureren de dag, waardoor we aanvoelen wanneer we wat moeten doen, zonder daarover te hoeven nadenken. Ongemerkt zoeken we ook steeds naar een ritme dat we als prettig ervaren. Het voelt vaak goed om de ene schoen na de andere aan te trekken en om eerst koffie te drinken en dan pas aan het werk te gaan.

Hebben we in ons leven eenmaal een ritme te pakken, dan houden we dat graag vast. Zich herhalende handelingen, hoe routineus ook uitgevoerd, brengen orde in het bestaan.

Je zou verwachten dat het leven daardoor monotoon en saai zou worden, maar dat valt mee. In tegendeel. Dag in dag uit doen we dingen hetzelfde, en toch verveelt die ordening meestal niet.

Dat komt omdat er in de herhaling altijd iets verloren gaat maar er ook altijd weer iets bij komt. Al drinken we tienduizenden koppen koffie, toch is de koffie die we vandaag drinken anders dan de eerdere en latere. De kans dat een gebeurtenis zich opnieuw op precies dezelfde manier voordoet is zo oneindig klein, dat het onmogelijk is om iets twee keer op precies dezelfde manier te doen. Hoezeer alledaagse handelingen ook op elkaar lijken, ze zijn toch altijd weer iets anders.

Zouden deze kleine variaties, deze weinig opvallende, alledaagse vernieuwingen, de reden zijn dat ritmes kleur aan het leven geven? 'Het eeuwige evenwicht van de dingen is schitterend, en de eeuwige teloorgang van de dingen is schitterend', schrijft de Amerikaanse dichter Walt Whitman in de bundel *Grasbladen.*[2] Dat is paradoxaal, maar niet minder paradoxaal dan dat we zowel stilstand als beweging kunnen bewonderen.

De paradox van ritme is dat het in de herhaling zowel stabiliteit, ordening en 'eeuwig evenwicht' brengt, als teloorgang. In de herhaling, die orde in het bestaan aanbrengt, blijven dingen aanwezig én ze verdwijnen, ze blijven hetzelfde én ze veranderen.

Die paradox doet ritme verschillen van een monotone dreun waarbij de ene slag zozeer op de andere lijkt dat we geen verschil horen. We raken verveeld of geërgerd wanneer een apparaat ons dwingt steeds dezelfde handeling uit te voeren of als uit de walkman van een medepassagier voortdurend dezelfde beat tot ons doordringt. Maar zodra we zelf de koptelefoon opzetten en we de variatie in de herhaling opmerken, zakken de verveling en ergernis weg.

Waarom reageren we zo op ritmes? Waarom vinden we ritme, waarin herhaling samengaat met variatie en ordening, prettiger dan een herhaling waarin geen variatie zit? Waarom voelen we ons bij het ene ritme beter dan bij het andere? Waarom geeft ritme het leven kleur, schittering en betekenis?

In het gedicht van Judith Herzberg, 'Elke ochtend', dat als motto boven dit hoofdstuk staat, stokt het ritme. De linkerschoen is aangetrokken, maar, omdat het hele leven even langstrekt komt het er niet van de rechterschoen aan te trekken. Er valt een pauze, een gat, tussen de twee bewegingen. Het ritme van de ochtend wordt doorbroken, alles is plotseling anders dan anders.

Wat gebeurt er als ritmes haperen, als de stroom aan gebeurtenissen die de dag, de week of het jaar aaneenrijgen, stokt? Staat alles dan stil? Lukt het dan niet meer de rechterschoen aan te trekken?

Het aantrekken van twee schoenen gebeurt gewoonlijk gedachteloos. We bedenken niet van tevoren wanneer we ze aantrekken, hoeveel tijd dat zal kosten en in welke volgorde we het zullen doen. We doen het. Anders gezegd: het gebeurt. Het ritme dat in de handelingen zit, vormt een samenspel tussen handen, voeten, schoenen en hersenen.

Tenzij ook het ritme van de omgeving invloed heeft. Bij kou schieten we sneller in onze schoenen dan wanneer het hoogzomer is.

Ritmes van schoenen aantrekken dringen zich net als die van aankleden, eten, lopen en stilstaan dagelijks aan ons op, ze doorkruisen ons bestaan. Daar besteden we weinig of geen aandacht aan. Soms hebben we er zelfs geen weet van. Maar als ritmes veranderen, haperen of onregelmatig worden – als het er niet meer van komt om de rechterschoen aan te trekken –, dan dringt tot ons door hoe belangrijk de ritmes zijn die de dagelijkse handelingen in tijd ordenen.

Verlies aan vaste ritmes

Wie wel nadenkt over de ritmiek van het alledaagse leven, ziet al snel dat dit ritme de afgelopen decennia flink is veranderd. Vaste ritmes die ordening, structuur en cohesie in het individuele en sociale leven brachten, zijn naar de achtergrond verdreven en vervangen door flexibele tijdsindelingen die op elk gewenst moment individueel kunnen worden aangepast.

Tot halverwege de vorige eeuw stond de gewoonte om op vaste tijden op te staan, te werken, te eten, te rusten en feest te vieren nauwelijks ter discussie. 'Mijn vader verliet elke dag om vijf uur het kantoor', vertelt een collega in een overleg over de tijdsorganisatie van medewerkers. 'Hij had een complexere baan dan ik, met meer medewerkers, en toch werkte hij nooit meer dan acht uur per dag, en ook nooit in het weekend. Daar kan ik jaloers op zijn.'

Ook van mijn eigen vader herinner ik me niet dat hij ooit in het weekend of 's avonds werkte. Als kind zat ik vaak rond half zes op de rand van de stoep te wachten tot hij uit zijn werk kwam aanfietsen. Ik wist zeker dat hij nooit te laat zou komen. Mijn moeder stond in de keuken, de tafel was gedekt en het was ondenkbaar dat we zonder hem zouden beginnen.

De vaste ritmes die toen de sociale gewoontes in tijd organiseerden vonden hun oorsprong in religieuze voorschriften en traditionele man/vrouwverhoudingen. De wekelijkse rustdag, het overgrote deel van de feestdagen en de indeling van de school- en werkdag, waarin werk, pauzes en vrije tijd elkaar volgens een vast stramien afwisselden, vinden hun oorsprong in religieuze disciplinering. Het begin van die disciplinering reikt duizenden jaren terug. Toen werden priesters vrijgesteld om de bewegingen van de hemellichamen te bestuderen en op grond daarvan het ritme van de gemeenschap voor te schrijven. Uit de stand van de zon en de maan leidden ze af wanneer er gezaaid, geoogst, gefeest of gevast moest worden.[3]

Ook in de kalender zitten religieuze ritmes. De arbeidsloze zondag, de sabbat en de vrijdag als gebedsdag (*al-Jum'a*) zijn meer dan tweeduizend jaar geleden ingesteld en worden tot op de dag van vandaag door christenen, joden en islamieten geheiligd.[4] Vanaf de middeleeuwen werden aan die weekindeling strakke roosters voor de indeling van de dag toegevoegd.

De bijdrage die middeleeuwse religieuze ordes leverden aan de ontwikkeling, invoering en verspreiding van uurwerken, tijdtabellen en kalenders heeft eveneens grote invloed gehad op de tijdsorganisatie van Europese samenlevingen. Vanaf het einde van de achttiende eeuw werden die indelingen in verfijnde en gemodificeerde vorm ingebracht in scholen, fabrieken, ziekenhuizen en het leger.[5] Kinderen, arbeiders, gevangenen en soldaten werden onderworpen aan tijdtabellen, exercities en vormen van dressuur om op die manier een optimaal efficiënt gebruik van het menselijk lichaam te bereiken.

In de twintigste eeuw culmineerde de tijdsdisciplinering in de 3R's. Rust, Reinheid en Regelmaat werden de noodzakelijke voorwaarden voor een goede opvoeding en een goede gezondheid. Vandaar dat er op vaste tijden werd gegeten, geslapen, schoongemaakt, geleerd, gewerkt en gerust.

Vanaf de jaren zestig van de vorige eeuw is een dergelijke tijdsdisciplinering steeds meer onder druk komen te staan. Secularisering leidde in die tijd tot een ware uittocht uit de kerk. Ook de man/vrouwverhouding veranderde, waardoor vrouwen de arbeidsmarkt op gingen en mannen gingen delen in de zorg voor kinderen en huishouden.

Door die veranderingen werd het minder vanzelfsprekend om volgens vaste leefritmes te leven. De traditionele ritmes die de dag, week en het jaar organiseerden, en die activiteit en rust, leren en spelen, sacrale en alledaagse momenten, en 'mannelijke' en 'vrouwelijke' bezigheden in tijd en ruimte scheidden, maakten plaats voor een tijdsordening waarin individuen zelf beslissen hoe zij het leven van alledag inrichten. Vaste winkelsluitingstijden, de zondagsrust, de vrije woensdagmiddag, landelijke schoolvakanties, vaste werktijden en vaste schooltijden kwamen meer en meer onder druk te staan.

Vaste, gezamenlijke ritmes wijken in toenemende mate voor 'flexibele tijden', zodat elk individu steeds opnieuw kan besluiten wanneer wat te doen. Zo zijn we onderweg naar een toekomst waarin alles op elk moment van de dag of week gedaan kan worden en waarin ieder voor zichzelf kan kiezen wat hij of zij op welk moment doet of nalaat.

Flexibilisering van tijd

Die flexibele tijden passen ook beter bij de hedendaagse man/vrouwverhoudingen. Ouders van nu willen beiden werken én bijdragen aan de opvoeding van de kinderen. Ze verwachten zorg en werk beter op elkaar te kunnen afstemmen als werktijden, school- en winkelsluitingstijden flexibel worden.[6]

Maar flexibele tijden dragen bij aan een 24-uurseconomie. Ze doorbreken het traditionele ritme waarin mensen van 11 uur 's avonds tot 7 uur 's ochtends slapen, mannen van 9-tot-5 werken en vrij zijn op zon- en feestdagen, en vrouwen dag en nacht klaar staan voor man en kinderen. Als tijden flexibeler zijn, is het makkelijker om mensen te vinden die tot 's avonds laat achter de kassa zitten, die door de nacht de voorraden naar winkels rijden, die 's zondags de post bezorgen, die nachtdiensten in een fabriek of verzorgingstehuis draaien, of die vóór het krieken van de dag de vloer van de disco schoonmaken.

Voor al die werkende mensen, maar vooral voor werkende vaders en moeders is het makkelijker geworden om de vele taken die ze moeten verrichten met elkaar te combineren. Maar het overboord gooien van vaste ritmes is niet zonder risico's. Zo kan tijd niet langer als excuus dienen om iets niet te doen. In een door 'flextijden' geregeerde wereld heeft de uitspraak dat de dag erop zit, dat het klokje zeven slaat, dat woensdag 'papadag' is, of dat het zondag is, weinig gezag. Er is geen autoriteit meer buiten het eigen 'ik' waar we ons op kunnen beroepen als we iets op een bepaald tijdstip niet willen doen. Of juist wel willen doen. De secretaresse die aan het einde van de dag een spoedklus op haar bureau krijgt, kan zich niet verschuilen achter de crèchetijden, de crèche is immers altijd open. De jonge vader die met zijn werkgever onderhandelt over een zorgdag kan zich niet beroepen op de vrije woensdagmiddag, kinderen kunnen immers altijd terecht op school of bij de buitenschoolse opvang. De student die 's avonds niet wil studeren, kan er zich tegenover zijn medestudenten niet op beroepen dat de universiteit dicht is; studeren in de universiteitsbibliotheek kan tot middernacht.[7]

Het gevolg is dat flexibilisering leidt tot aritmie. Gezamenlijke ritmes van rust en activiteit, stilte en lawaai, feest en alledag maken plaats voor een veelheid aan niet op elkaar afgestemde individuele beslissingen over wanneer ieder wat doet. De optelsom van individuele tijdsbeslissingen brengt dan niet meer als vanzelf een ritmisch geheel voort. Zoals een orkest een dirigent nodig heeft die de individuele spelers inspireert om de ritmes goed samen te laten gaan, zo zijn er ook in het dagelijkse leven 'dirigenten' nodig die de vele individuele ritmes op elkaar afstemmen. Anders moet over elke afspraak wanneer wat te doen, eindeloos worden overlegd. En dat kost weer kostbare tijd, zoals de gemiddelde flexwerker weet.

Het verdwijnen van sociale ritmes leidt daarnaast tot een afname van het aantal gemarkeerde rustmomenten. Wanneer we op elk moment kunnen werken, en er geen vanzelfsprekende momenten meer zijn waarop niet wordt gewerkt, valt de afbakening tussen werken en niet-werken weg. Het risico op burn-out neemt toe, zeker als ambitie en competitie belangrijke motoren zijn om hogerop te komen.[8] Zonder rustmomenten kunnen mensen zich letterlijk doodwerken.

Maar ook werklozen hebben steeds minder excuses tot hun beschikking om te zeggen dat ze iets niet kunnen doen of ergens niet heen kunnen. Het wegvallen van gezamenlijke rustmomenten leidt ertoe dat we van elkaar gaan verwachten dat we steeds vaker beschikbaar zijn. Om de telefoon op te nemen, de e-mail te lezen of nog even dat dringende klusje te doen.

Het verdwijnen van vaste ritmes heeft gevolgen voor de betekenis die we aan tijd hechten. Ritmes vormen markeringen in de tijd. Die markeringen geven betekenissen aan het dagelijkse bestaan, ze geven aan wanneer we werken, opstaan, sporten of vrij zijn. Ritmes zorgen in het leven van alledag ook voor een afwisseling tussen activiteit en passiviteit, tussen lawaai en stilte, en tussen verschillende soorten bezigheden.

Hoe lang zal dat nog zo blijven? De flexibilisering en individualisering van de tijdsordening ondermijnen de zeggingskracht van veel sociale en culturele ritmes. Hiermee valt uiteindelijk de oriëntatie in tijd weg. Als er geen verschil meer is tussen dag en nacht, tussen maandag en vrijdag of tussen zomer en winter, als kortom alle ritmiek verdwenen is, dan wordt alle tijd hetzelfde. De vraag is zelfs of we dan nog van tijd kunnen spreken.

De gevolgen van dergelijke veranderingen zijn niet gering. Hoe valt er in zo'n ritmeloze 'tijd' nog iets met elkaar af te spreken? We kunnen dan net zo goed een numerieke, altijd doortellende klok, die geen onderscheid maakt tussen de diverse momenten in de dag, de week of het jaar, gaan gebruiken. We spreken dan niet meer af in de middag van de derde maandag van de maand november, maar op tijdstip 34211888 of 57690236.

Maar met zo'n gelijkmatig en oneindig doorlopende klok, die zich heeft losgezongen van het alledaagse leven, krijgt tijd een heel andere betekenis, of wordt zelfs betekenisloos.

Het begrip tijd

Wat maakt dat tijd betekenis krijgt? Om die vraag te beantwoorden, zullen we eerst moeten begrijpen wat tijd is. Is tijd een ding of een begrip? Is tijd iets dat gegeven is of iets wat mensen hebben uitgedacht? Zit tijd in de dingen, in ons hoofd, in ons innerlijk of is tijd een product van ons denken?

In *Een essay over tijd* laat socioloog Norbert Elias zien dat de hedendaagse tijdsopvatting in een lang ontwikkelingsproces tot stand is gekomen. Tijd is geen gegeven. Het is geen ding of zaak dat altijd al op dezelfde manier bestaat. Tijd zit ook niet als iets onveranderlijks in ons hoofd of in ons innerlijk. Tijd is eerst en vooral een instrument, een oriëntatiemiddel waarmee mensen kunnen bepalen wanneer ze iets zullen doen. Dat instrument is niet van vandaag op morgen tot stand gekomen, maar kent een lange menselijke geschiedenis. Maar juist omdat de klok- en kalendertijd voor ons zo vanzelfsprekend zijn geworden, zijn we geneigd dat te vergeten.

Dat tijd van eerder naar later stroomt, is evenmin een gegeven. Hoe gewoon het voor ons ook is om te denken dat de tijd als een continue stroom vanuit het verleden door het heden naar de toekomst loopt, duizenden jaren geleden was dat niet zo. De 21^{e}-eeuwse mens twijfelt er niet aan dat de maan vanavond weer aan de hemel zal staan, en dat de gestalten van de maan elkaar in een continue stroom zullen blijven opvolgen. Maar de primitieve mens had die kennis niet. De zekerheid dat de sikkel aan de hemel hetzelfde 'ding' was als de ronde bol die eerder aan de hemel stond, ontstond in een langdurig proces, waarin mensen verbanden ging leggen tussen de bewegingen van de maan en gebeurtenissen om hen heen.

Ook de zekerheid dat de maan 's avonds weer terug zou komen, nadat deze 's ochtends was verdwenen, kwam pas in de loop der tijd tot stand. Nog altijd kennen we verhalen waarin mensen bang zijn dat de zon of de maan zonder tussenkomst van de mens niet meer zal opkomen. Zo vertelt de Braziliaanse film *Orfeo Negro* hoe Orfeo elke nacht met zijn gitaar vanaf een berg de zon verleidt om op te komen. Als hij en zijn geliefde tijdens het carnaval worden vermoord, vreest zijn tienjarige broertje voor het voortbestaan van Rio de Janeiro. Midden in de nacht sluipt hij de berg op om tokkelend op zijn gitaar te zorgen dat zon opkomt.[9]

De kennis dat de maan en de zon in een vast patroon opkomen en ondergaan, dat er zomers en winters zijn, dat er maanden, weken, jaren en uren zijn, is ontstaan in een langdurig, sociaal-evolutionair proces, waarin mensen verbindingen leerden te leggen tussen de verschillende reeksen aan veranderingen die ze opmerkten. Ze stelden vast dat de verandering van licht naar donker synchroon loopt met de opkomst en ondergang van zon en dat de vrouwelijke menstruatiecyclus even lang duurt als de tijd tussen twee volle manen. Dat de tijd tussen de kortste dag en de volgende kortste dag ongeveer 365 dagen is. En dat de duur van het menselijk leven kan worden bepaald aan de hand van de hoeveelheid keren dat de dagen opnieuw lengen.

Tijd, zo stelt Elias, is geen zelfstandig naamwoord, geen ding of zaak, maar een werkwoord: 'tijd bepalen'.[10] 'De tijd' bestaat niet, net zo min als 'de wind' bestaat. Er zijn veranderingen in luchtdruk, waardoor luchtlagen zich verplaatsen, maar 'de wind' als een soort persoon of zaak bestaat niet. De menselijke neiging om werkwoorden tot zelfstandige naamwoorden te maken, of het nu om waaien (de wind), liefhebben (de liefde) of tijd bepalen (de tijd) gaat, doet ons geloven dat de wind, de liefde of de tijd zelfstandig bestaande dingen of zaken zijn. Reïficatie, noemt Elias dit proces, iets tot een *res*, een zaak, maken wat het feitelijk niet is. En als iets eenmaal tot een zelfstandig naamwoord is geworden, raken we ervan overtuigd dat die zaak ook echt bestaat. We zeggen dan dat de tijd vliegt, dat de tijd ons op de hielen zit, dat we de tijd hebben, dat de tijd alle wonden heelt. Of we maken de tijd tot een persoon, tot 'vadertje tijd'.

Maar als 'de tijd' geen ding, geen 'iets', is, hoe kan het dan dat we ervaren dat de tijd voorbijgaat? Dat de tijd de ene keer sneller gaat dan de andere keer? Dat de tijd langer duurt als je verlangt naar je geliefde, en dat de tijd veel te snel voorbij is als het afscheid nadert?

Eigenlijk zou je de vraag om moeten draaien: waarom verwachten we dat de menselijke ervaring van duur even secuur zou zijn als de klok? Als mensen vanuit zichzelf nauwkeurig zouden weten hoe lang elk proces duurt, dan zou het overbodig zijn geweest om de klok uit te vinden. We zouden dan, om met elkaar af te spreken wanneer we iets doen, genoeg hebben aan de ervaring van duur. Generaties lang konden mensen toe met mededelingen als: 'Ik kom als dit klusje klaar is,' 'Tot na het avondeten,' 'Tot morgenochtend.' Maar juist omdat de ervaring geen betrouwbare maatstaf is om de duur van processen vast te stellen of de duur van processen met elkaar te vergelijken, gebruiken we liever de kloktijd om de tijd te bepalen dan de menselijke ervaring. Zoals we ook liever de meter of centimeter gebruiken om de lengte van een ruimte te bepalen dan de onnauwkeurigere menselijke voet, duim of elleboog. Kloktijd en ervaren tijd zijn beide instrumenten of manieren om een verbinding te leggen tussen de veranderingen die we in en om ons waarnemen.[11] De ene manier is nauwkeuriger dan de andere, maar beide worden gebruikt om de duur van de ene gebeurtenis of activiteit te vergelijken met de duur van een andere.

De betekenis van tijd

De opvatting dat tijd een instrument is, beantwoordt nog niet de vraag hoe tijd betekenis krijgt. Die betekenis zit niet in het instrument zelf. Het draaien van de wijzers van de klok heeft op zichzelf geen betekenis. En ook de ervaring dat iets kort of lang duurt heeft op zichzelf geen betekenis.

Tijd krijgt pas betekenis wanneer aan een bepaald moment van de dag, het jaar of het leven – of de afstand daartussen – een betekenis wordt *toegekend*. De datum 31 januari 1953 is op zichzelf een betekenisloze datum, maar deze krijgt betekenis zodra we ons herinneren dat het de nacht was waarin zich de watersnoodramp in Nederland voltrok. Ook de datum van 11 september 2001 zou op zichzelf betekenisloos zijn, als we niet zodra we deze datum horen beelden van instortende WTC-torens op ons netvlies kregen.

De dagen van de week krijgen betekenis zodra we er een naam of volgorde aan toekennen. Als onze voorouders de dagen een doorlopend nummer zouden hebben gegeven, zouden ze minder van elkaar verschillen dan nu het geval is. Door de dagen een naam te geven en die te verbinden met een invulling, heeft de maandag een andere betekenis dan de woensdag of de vrijdag. De maandag zien we als het begin, de woensdag als het midden en de vrijdag als het einde van de week. En op zaterdagavond moet het gebeuren: *I just can't wait for Saturday night*, zoals Herman Brood zong. Dat verschil in betekenis kan wegvallen als we op vakantie zijn en we alle dagen ongeveer hetzelfde doen. Het verschil tussen de ene en de andere dag wordt betekenisloos, omdat de dagen vrijwel letterlijk hetzelfde zijn.

De verschillen in betekenisgeving aan het ene of ander moment van de dag, week, jaar of het leven zijn het resultaat van mensenwerk. Zelfs als die betekenissen verwijzen naar verschillen in de natuur, zoals het verschil tussen 'zomer' en 'winter' verwijst naar het verschil tussen warme, lichte dagen en koude, donkere dagen, blijft het betekenisverschil mensenwerk. Wij mensen hebben die verschillen aangebracht om zo betekenis aan de tijd te geven. Als alle dagen hetzelfde zouden zijn, zou er geen verschil tussen het ene en het andere moment zijn, en daarmee geen verschil in betekenis tussen het ene en het andere moment.

Wil een tijdstip echt betekenis krijgen, dan volstaat het niet om eenmalig een betekenis toe te kennen. Het specifieke van het moment moet bij herhaling van betekenis worden voorzien. Een verjaardag wordt dan bij herhaling gevierd om op die manier iemands geboortedag in herinnering te houden, de vierde mei wordt jaarlijks gemarkeerd om op die manier de doden die vielen in de periode 1940-1945 te herdenken, en 11 september 2001 noemen we '*nine-eleven*' om de slachtoffers die vielen bij de aanval op het WTC in herinnering te houden. De verschillen tussen de zeven dagen van de week, de twaalf maanden van het jaar, tussen oorlogs- en vredesjaren, tussen 'Gouden' en minder welvarende eeuwen worden eindeloos herhaald zodat ze hun betekenis behouden.

Daarmee zijn we terug bij het begrip ritme, een begrip waarin herhaling, variatie en ordening samenkomen. Dagritmes, weekritmes, maandritmes, jaarritmes, maar ook de ritmes van alledaagse handelingen, zijn markeringen die steeds opnieuw verschil en herhaling aanbrengen en daarmee ordening en betekenis aan het leven geven.

Die ordening en betekenis vallen weg als de ritmiek van het sociale of individuele leven verloren gaat. Zonder ritmes, zonder markeringen tussen het ene tijdstip en het andere, worden alle momenten van de 'dag', de 'week' en het 'jaar' betekenisleeg. Dan verdwijnt het betekenisverschil tussen werk- en weekenddagen, tussen het ene en het andere seizoen, tussen het begin (de 'ochtend') en het einde (de 'avond') van de dag.

Dit boek is een poging zich tegen het verlies aan gezamenlijke ritmes te weren. Welke gevolgen heeft het verdwijnen van traditionele, vaste ritmes? Komen daar als vanzelf nieuwe ritmes voor terug? Wat is het belang van sociale ritmes in de tegenwoordige tijd? Produceert elk onregelmatig worden van ritmes antagonistische effecten, zoals de Franse filosoof Henri Lefebvre in zijn studie naar de ritmes van alledag claimt?[12] Raakt het maatschappelijk systeem in crisis wanneer de orde door het teloorgaan van ritmes wordt verstoord?

Om meer zicht te krijgen op de ritmiek van het hedendaagse bestaan breng ik in dit boek de ritmes in kaart die het leven in de 21^{e} eeuw vormgeven: bioritmes, ritmes van televisie, nieuwe sociale media, de ritmes van religie, van het lichaam, van seks en muziek. Wat zijn deze ritmes? Waar komen ze vandaan? Waarom werken ze ordenend? Waar treden fricties tussen deze ritmes op? Kunnen we nieuwe ritmes ontwerpen, die aansluiten bij de eisen van de tegenwoordige samenleving? En vooral: wat is een goed ritme?

Dit boek is geen pleidooi om terug te keren naar de ritmes van weleer. De rechtvaardiging voor die ritmes is lastig in een geseculariseerde samenleving, ook al zien we bij veel mensen die gelovig zijn opgevoed – nog altijd een meerderheid – een terugverlangen naar die ritmes van weleer. Niet alleen omdat ze een ordenende functie hadden, maar ook omdat ze een sociale en spirituele functie hadden: via ritmes kan contact met het hogere of met het grotere geheel worden gelegd.

Zo'n terugkeer naar oude ritmes is ook lastig te rechtvaardigen, al was het maar omdat de man/vrouwverhoudingen sterk zijn veranderd. Er is meer gelijkheid ontstaan tussen man en vrouw, iets wat bijna niemand meer zou willen terugdraaien. De toenemende deelname van vrouwen aan de arbeidsmarkt heeft de vanzelfsprekendheid van voltijds werken doorbroken. Terug naar de voltijdse werkweek voor de man en de flexibel daaromheen gedrapeerde huishoudelijke en zorgtaken voor de vrouw is geen optie meer. Daarom is de uitdaging nu om nieuwe ritmes uit te denken en deze in de praktijk uit te proberen.

Ook kunnen we ons oude ritmes op nieuwe manieren toe-eigenen, bijvoorbeeld door ze van nieuwe betekenissen te voorzien. Een voorbeeld van zo'n nieuwe toe-eigening is de toenemende gewoonte om op zondagochtend met vrienden of familie te ontbijten. Wie zondags vóór het middaguur door de Berlijnse wijk Prenslauerberg loopt ervaart daar in de cafés iets van de rust en saamhorigheid die tot stand kan komen wanneer mensen elkaar in een vast ritme ontmoeten om samen te ontbijten. Een ritme waarin vroeger de mis en de kerkdienst voorzagen. Maar zo'n nieuw, bindend ritme is alleen te realiseren als ongeveer een kwart van de Berlijners bereid is om op zondag te werken.

Dat is de paradox van de hedendaagse tijdsordening: om de ene groep in staat te stellen om gezamenlijk van de vrije tijd te genieten moet een andere groep bereid zijn de vrijheid op een ander moment te genieten. Dat zou kunnen betekenen dat we misschien wel twee of meer rustmomenten in een week nodig hebben om dat te kunnen realiseren. Maar daarmee komen gemeenschappelijke momenten van rust weer meer onder druk te staan.

Sommige mensen denken dat hedendaagse tijdsproblemen als gejaagdheid, gebrek aan tijd en stress kunnen worden opgelost door onthaasting. Maar onthaasting kan het probleem waarvoor het verlies aan ritmes ons stelt niet oplossen. 'Tijd' of ritmes zijn op zichzelf nooit snel of langzaam, ze zijn dat slechts in relatie tot andere tijden of ritmes. Het willen vertragen of zelfs stilzetten van de tijd biedt geen handreiking aan de verplichtingen waar mensen zich dagelijks voor gesteld zien. Het werk blijft door een extra vrije dag of een sabbatical liggen, waardoor de ervaren tijdsdruk na de vrije periode hoger wordt.[13] Snelheid is bovendien niet per definitie slecht, zoals veel pleitbezorgers van de nieuwe traagheid claimen.[14] Snelheid kan ook plezier geven, zeker als deze wordt afgewisseld met traagheid. Je kunt iets rap doen, vlug een boodschapje halen, snel een paar regels schrijven, of iemand, tussen de bedrijven door, snel op de hoogte brengen. Die rappe bezigheden kunnen ook een prettig gevoel geven. Soms zorgen ze voor uitputting, maar soms voor euforie, een heel specifieke energie, die de Franse filosoof Gaston Bachelard 'rationele energie' noemt.[15]

Misschien is er sowieso geen grote oplossing voor tijdsproblemen (zoals onthaasting, of het stilzetten van de tijd), en moeten we het hebben van vele kleine oplossingen die gezamenlijk tot een tijdsordening leiden waar we goed mee kunnen leven.

Uitzicht vanaf het balkon

Een goede methode om ritmes in kaart te brengen en nieuwe ritmes uit te proberen is te vinden in het boek *Éléments de rythmanalyse* van de Franse filosoof Henri Lefebvre (1901-1991). Lefebvre laat in dit postuum uitgegeven en deels met zijn vrouw Catherine Régulier geschreven boek zien hoe het alledaagse bestaan doorkruist wordt door een veelheid aan grote (kosmische, natuurlijke, biologische) en aan kleine (alledaagse, lichamelijke) ritmes. Lefebvre en Régulier stellen het 'ritme-analytisch project' voor, een project dat ritmes in volle omvang analyseert, van kleine deeltjes tot melkwegen. Het project heeft een transdisciplinair karakter, en stelt zichzelf ten doel om het wetenschappelijke zo min mogelijk te scheiden van het poëtische.[16] Een goede luisteraar zal in de door Lefebvre en Régulier gekozen woorden de invloed van de Franse filosoof Bachelard herkennen: ook hij pleitte voor een filosofische doordenking van wetenschappelijke kennis die gepaard gaat aan poëtische verbeelding. Daarnaast is het laatste hoofdstuk van Bachelards *La dialectique de la durée* geheel gewijd aan de 'ritme-analyse'.

Het voorliggende boek sluit aan bij het project dat Lefebvre en Régulier in navolging van Bachelard bepleitten. Wie goed luistert, zo schrijft Lefebvre, die hoort en voelt dat er talloze ritmes zijn die het alledaagse bestaan vormgeven. Luisteren naar ritmes betekent dat je niet alleen woorden, geluiden en klanken hoort, maar dat je ook de ritmiek van dingen, gebeurtenissen en mensen ziet. Elke stad, elke straat, elk gebouw heeft een eigen ritme. Iemand die ritmes als instrument gebruikt, is 'in staat te luisteren naar een huis, een straat, een stad zoals je naar een symfonie, een opera, luistert'.[17]

Tot op heden is hun project niet door andere filosofen opgepakt. Daarom wil ik dat graag doen. Methodisch komt dat erop neer dat ik naar ritmes zal luisteren, ze van binnenuit zal proberen te ervaren, en ze in verband zal brengen met het biomedische en filosofische weten over ritmes.

Ritmes kunnen van buitenaf en op zichzelf worden bestudeerd, maar het begrip ritme kan ook als instrument worden gebruikt om van binnenuit het alledaagse leven te onderzoeken. Ritmes moeten van binnenuit worden ervaren en geleefd, je moet erdoor worden gegrepen, jezelf laten gaan, overgeven aan het ritme; maar anderzijds moet je buiten die ritmes staan om ze te kunnen horen of begrijpen – maar ook weer niet helemaal erbuiten. Wie geïnteresseerd is in de tijdsordening van het alledaagse leven dient zowel van binnenuit als van buitenaf, als een poëet en als een wetenschapper, te luisteren naar de alledaagse ritmes.

Om het van binnenuit en buitenaf luisteren naar ritmes te begrijpen gebruikt Lefebvre de metafoor van een balkon dat uitkijkt over een kruispunt van wegen. Vanuit zijn raam dat uitziet over de Rue Rambuteau in Parijs, neemt hij waar hoe de voetgangers op straat worden ondergedompeld in een veelheid aan hoorbare ritmes: auto's die rijden of stilstaan, claxons, sirenes, pratende voetgangers, voetstappen, stoplichten. Hij weet dat de voetganger die geluiden amper opmerkt.

Maar op het balkon hoort hij dat er meerdere geluiden te onderscheiden zijn, een veelheid aan stromen en aan ritmes die op elkaar reageren. Hij hoort en ziet hoe de voetgangers die bij het kruispunt staan, stilvallen, ze luisteren naar het geluid en de ritmes van de andere verkeersdeelnemers. Terwijl de auto's stoppen en het voetgangerslicht op groen springt, berekenen ze hoeveel tijd ze nodig hebben om de overkant te bereiken. De massa voetgangers zwijgt, men wil zeker zijn dat er voldoende tijd is om de afstand te overbruggen, en niet overreden te worden door 'de wilde katten en olifanten,' zoals Lefebvre ze noemt, de auto's, bussen en motoren die klaar staan om gas te geven.[18] Vanaf het balkon gezien herhaalt dit patroon zich keer op keer – althans zolang zich geen file vormt. Er is een continue afwisseling van vertraging, stilstand en weer op gang komen, soms bruut, soms vriendelijk. Horen en zien zijn in deze scene in harmonie, visuele ritmes vallen samen met hoorbare ritmes.

Daarmee laat ritme haar belangrijkste eigenschap zien: het verbindt alles met alles, de voetstappen met het stoplicht, de ademhaling met de claxons, de gesprekken met de stilte. Ritme geeft aandacht aan de stilte tussen de noten, maar ook aan de knal die de stilte doorbreekt. Het legt niet de nadruk op een kunstmatig streven naar balans of harmonie, maar laat zien hoe de bewegingen van de zon, het lichaam, de auto, de smartphone, de muziek en de taal in het dagelijkse leven samengaan.

Maar voor het luisteren naar de ritmes begint, nog één vraag. Is de tijd continu of discontinu? Daarvoor kijken we naar een interessant debat tussen de Franse filosofen Henri Bergson (1859-1941) en Gaston Bachelard (1884-1962). In het hoofdstuk *De ene hond is de andere niet* is de weerslag van dat debat te vinden. Bergson meende dat de tijd continu is, deze *duurt*, maar Bachelard stelde daar tegenover dat de tijd discontinu is en dat er gaten en breuken in de tijd zitten.

Daarna verbaas ik me in *Omhoog, omlaag – omhoog, langzaam* erover dat vrijwel iedereen snapt wat er wordt bedoeld als een man zegt dat de vrouw met wie hij het bed deelde geen goed ritme had. Maar wat is zo'n goed ritme? En wanneer wordt dat verstoord?

In *Heilige onderbrekingen* richt ik me op de religie, die met het onderscheid tussen heilige en alledaagse dagen, de basis heeft gelegd voor de ritmische afwisseling van werkdagen en rust- of feestdagen. Is de functie van die afwisseling religieus? Of is het ook zonder geloof nuttig en betekenisvol om bijzondere momenten boven de reeks alledaagse dagen uit te tillen?

In *De nieuwe goden van de regelmaat* gaat het over het moderne begrip bioritmes. Het interessante aan dit begrip is dat het in veel opzichten parallellen vertoont met de leefritmes die priesters en astrologen eerder voorschreven. Astrologie, religie en biologie geven alledrie aan dat het goed is voor de gezondheid om te leven naar biologische ritmes. De goden van de regelmaat lijken het te winnen. Maar is dat wel zo?

In *"Vind ik leuk!"* ga ik in op de ontregeling die nieuwe digitale apparaten kunnen teweegbrengen. Smartphones, internet en mobiele telefonie bieden nu de mogelijkheid om 24 uur per dag actief te zijn. De ontregeling van vaste ritmes geeft een gevoel van vrijheid, wildheid en plezier. Toch zal die ontregeling naar verwacht weer snel voorbij zijn, omdat oude gewoontes, maar ook oude apparaten, de nieuwe apparaten binnen de kortste keren zullen hebben gedomesticeerd. Die voortdurende domesticatie bevalt ons prima. Zo laten tijdsonderzoeken zien dat we, wat er ook gebeurt, blijven werken tussen circa 9 en 18 uur en blijven slapen tussen 23 en 7 uur.[19]

In *Ongehoorde mengsels* vraag ik me af hoe de ritmes van het lichaam zich verhouden tot de ritmes van de cultuur (de religie, de technologie, de wetenschap, de kunst etc.). Zijn natuurlijke ritmes beter dan aangeleerde ritmes?

In *Een goddelijke hopsasa* verdiep ik me in de werking van muzikale ritmes. We kunnen wel denken dat we zelf een mooi mengseltje van ritmes kunnen maken, maar als zelfs de wijste onder ons door het ritme wordt betoverd, is het dan geen overmoed te denken dat wij de ritmes kunnen regeren? Regeren zij niet over ons? Ritmes kunnen magisch zijn, maar die magie kun je gebruiken om de goden in jezelf en in de buitenwereld naar de hand te zetten.

In *Schommelingen van meer en minder* buig ik me over de dresserende werking van ritmes. Het was Michel Foucault die beschreef hoe lichaam en geest door ritmisch herhaalde oefeningen en trainingen dociel werden gemaakt. Maar het was ook Foucault die zelfdressuur als tegenwicht inbracht tegen de dressuur van buitenaf. Ik vraag me af of die tweedeling vol te houden is. Goede leefritmes zijn niet individueel te bereiken, er is altijd een wisselwerking nodig tussen ritmes uit de omgeving en eigen ritmes.

In *Lekker snel. En lekker langzaam* worden suggesties gedaan om de omgeving ritmisch zo in te richten dat we die dingen die we graag doen of de doelen die we onszelf stellen, ook kunnen bereiken.

In *De bovenste verdieping* laat ik zien dat elk nieuw moment tegelijkertijd een herneming van eerdere momenten is. Omgekeerd is dat ook zo: door het moment te hernemen wordt het nieuwe mogelijk gemaakt.

De ene hond is de andere niet

Ritme en discontinuïteit

In de roman *Amsterdam* voert Ian McEwan twee oude vrienden op, Clive Linley en Vernon Halliday, de ene een succesvol modern componist, de ander uitgever van een invloedrijk blad. Ze ontmoeten elkaar bij de crematie van Molly Lane, die ooit hun beider minnares was.

Na de crematie keert Clive terug naar huis om aan een symfonie te werken. Hij moet voortmaken, twee eerdere deadlines heeft hij al laten lopen. Het is tegen vieren in de ochtend als hij van achter zijn piano opstaat, uitgeput maar content met de gemaakte vorderingen. Hij zou aan de slag moeten met de finale, de eindmelodie, maar voorlopig heeft hij geen flauw benul hoe die moet klinken. Het beste is om rust te nemen, te ontspannen en toch alert en ontvankelijk te blijven. Een lange wandeling zou goed zijn, misschien naar het Lake District. Na dertig kilometer lopen komen de beste ideeën op.

De dagen erna komt er niets uit zijn handen. De melodie waarop hij wacht laat zich niet horen. Hij wil weg, maar heeft die week nog drie afspraken staan. Op de eerste dag van maart vertrekt hij dan eindelijk naar Penrith, een oud stadje in het Lake District. Hij verwacht dat het ritme van de trein hem al tot rust zal brengen, maar als hij door de trein loopt, merkt hij dat zijn tred ongelijk is, alsof zijn ene been langer is dan het andere. Hij gaat zitten en haalt een dikke plak kauwgom van onder zijn schoen. Hij walgt van het contact met de inhoud van de mond van een vreemde.

De volgende ochtend is zijn humeur opgeklaard. Terug in zijn lievelingslandschap weet hij zeker dat de eindmelodie al aanwezig moet zijn in wat hij tot nu toe heeft geschreven. 'Het was alsof hij de noten al kende, maar ze nog niet kon horen.'[1]

Eenmaal onderweg wordt hij overvallen door de eenzaamheid van het wandelen. Er spookt een verhaal door zijn hoofd over iemand die achter een rots staat, klaar om hem te vermoorden. Hij kent die angst van eerdere wandelingen. De kolossale leegte om hem heen is beangstigend. Maar door de angst te overwinnen, door één te worden met de natuurlijke orde, moet hij zijn vrijheid kunnen hervinden.

Het weldadige proces dat hij verwacht laat echter op zich wachten. Zware regenval, vermoeidheid en een gebrek aan conditie spelen Clive parten. Eenmaal op de top van een steile, schuin overhangende rots gebeurt het eindelijk: 'precies zoals hij had gehoopt dat het zou zijn: hij genoot van zijn eenzaamheid, was gelukkig in zijn lichaam, zijn geest verbleef aangenaam elders, toen hij de muziek hoorde waarnaar hij had gezocht.'[2]

Pas veel later in de roman zal blijken dat de melodie die Clive in de stilte en rust van de natuur perfect in de oren klonk, in de concertzaal niet om aan te horen is. De noten die in de natuur volmaakt onafhankelijk van elkaar klonken, en toch de indruk wekten dat ze in elkaar overliepen, klinken in de concertzaal als één langgerekte toon die van instrument tot instrument wordt doorgegeven. Het gebrek aan variatie ruïneert zijn meesterstuk.

De roman eindigt met de zelfmoord van Clive. Samen met zijn vriend Vernon, wiens carrière eveneens knakt, vertrekt hij naar Amsterdam, de stad waar je als je de roman mag geloven zonder moeite een doodsdrankje kunt krijgen.

Het stillen van de tijd

Wie gewend is om onder tijdsdruk te werken, wie van deadline naar deadline springt, weet dat er altijd klussen kunnen zijn waarbij het niet meer lukt om op tijd klaar te zijn. Een onverwachte gebeurtenis, een ziek kind, een vriend die om hulp vraagt of een begrafenis maken dat het werk blijft liggen. Soms kan een klus ook omvangrijker zijn dan gedacht. Zelfs als we dag en nacht doorwerken lukt het dan niet om op tijd klaar te zijn. Of we worden, zoals Clive, geblokkeerd, en missen de lust of creativiteit om het werk af te maken.

Het gevoel vast te zitten, niet verder te komen hoeveel uur we ook achter de piano of de computer zitten, komt vaker voor. Het is het gevoel dat je niet loskomt van een bepaald stramien. We zouden wel anders willen, maar die wil is niet toereikend om het ook anders te doen. We draaien onszelf vast. Pas als de stekker eruit gaat, als we uit de dagelijkse sleur stappen, een pas op de plaats maken, of, zoals Clive, het ritme van alledag doorbreken en een ander ritme aannemen, lukt het om de draad weer op te pakken.

Maar is dat zo? Is het nodig om het systeem, het leven van alledag, of het werk stil te leggen om tot rust te komen en een nieuwe doorstart te kunnen maken? Als de computer vastloopt, is dat het eerste wat we doen: stroom eraf, tien tellen wachten en het apparaat opnieuw aanzetten. De meeste problemen zijn dan inderdaad opgelost. Maar gaat dat ook op voor mensen? Moeten we altijd de stekker uit het bestaan trekken om het systeem weer op orde te krijgen en de draad weer op te vatten?

In de praktijk pakt het stilleggen van de dagelijkse activiteiten vaak minder goed uit. Bij gepensioneerden die van de ene op de andere dag stoppen met werken, verslechtert de gezondheid soms aanzienlijk.[3] Ook sabbaticals hebben niet altijd een gunstig effect. De onderbreking die iemand zichzelf oplegt na een periode van (te) hard werken kan hem of haar zelfs zozeer uit zijn ritme of balans brengen dat het daarna nooit meer lukt om de draad op te pakken. Of hij denkt, zoals Clive, in de verstilling op geniale gedachten of klanken te komen, die terug in het normale leven nietszeggend, plat of ondermaats blijken te zijn.

Hebben we baat bij een stilzetten van de tijd? Komt het ons welzijn, ons werk en misschien zelfs onze menselijkheid ten goede als we ons af en toe uit het leven van alledag terugtrekken? Of vergt alles juist een alledaags ritme, een tijdsordening waarin momenten van rust en activiteit zich dag in dag uit bij herhaling en ritmisch afwisselen? Is het niet beter om momenten van rust in het gewone leven in te bouwen in plaats van eruit te stappen om tot rust te komen?

Een van de pleitbezorgers van het idee dat we de tijd moeten stilzetten, is filosoof Joke J. Hermsen. In *Stil de tijd. Pleidooi voor een langzame toekomst* pleit ze ervoor regelmatig pas op de plaats te maken. Of, zoals ze zelf zegt, je 'kortstondig onder te dompelen in een tijdloos moment'.[4]

Het tegenwoordige leven wordt te veel geregeerd door de klok, stelt Hermsen. De mechanische kloktijd heeft ons vanaf het begin van de industriële revolutie meer en meer in de tang gekregen en dat heeft gevolgen voor hoe we naar onszelf en de wereld kijken. Vooral omdat de kloktijd wordt aangestuurd door het streven naar economisch rendement. De klok verleidt ons om steeds meer te doen in steeds minder tijd. We rennen van deadline naar deadline, haasten ons van huis naar werk naar winkel naar sportclub en weer naar huis, en nemen nauwelijks de tijd om tot onszelf te komen. Daardoor vervreemden we van onszelf.

De enige manier om daar verandering in te brengen is volgens Hermsen door uit de tredmolen van de kloktijd te stappen. Door de tijd te 'stillen': de wijzers van de klok moeten worden stilgezet.[5] Door uit de kloktijd te breken ontstaat een intermezzo waarin iets nieuws kan ontstaan: we kunnen op een nieuw spoor, op nieuwe gedachten of tot nieuwe dingen komen. Het stillen van de tijd wordt daarmee een moment van creativiteit en vernieuwing. Dat komt omdat we in de verstilling in aanraking komen met wat Hermsen de 'diepe' of 'innerlijke' tijd noemt. Deze diepe, meer werkelijke tijd is volgens haar een tijd die stroomt, die onophoudelijk vloeit, en die, anders dan de kloktijd, niet in partjes is op te delen. Het is een tijd die *duurt*. Een continue stroom waarmee we in aanraking komen wanneer we de klok stil durven te zetten.

In het stilzetten van de kloktijd zou dat wat er nog niet is, de kans krijgen om iets te worden, schrijft Hermsen. De roman van McEwan illustreert hoe dat gebeurt: de componist laat zijn hectische leventje in Londen achter om in de rust van de natuur de melodie te vinden die zich thuis niet laat horen. Hij vermoedt dat de noten al in het muziekstuk zitten, dat hij er onbewust al op heeft geanticipeerd, de noten zelfs al kent, maar hij hoort ze pas echt in de stilte van de tijd. De melodie die er niet was, krijgt in het tijdloze moment de kans om 'iets' te worden.

Voor Hermsen is dit moment, het moment waarop we uit 'de tredmolen van de kloktijd' stappen, een bijzonder moment. Ze noemt het 'een tijdloze en oneindige ruimte', maar bovenal 'een menselijke ruimte, waarbinnen de modes en de waan van de dag ontstegen worden en er een menselijkheid naar voren treedt die over zichzelf heen durft te buigen en durft af te tasten wat zich nog in zichzelf en in de ander verscholen houdt.'[6] Menselijkheid treffen we in het stilzetten van de kloktijd.

Net als Clive zoekt ze de verstilling in de natuur. Maar waar Clive deze vindt in een strijd met de elementen, de regen, de steile bergtoppen en gladde rotspartijen van het Britse Lake District, treft Hermsen de stilte in de zomerse warmte van het Franse platteland of in een warme duik in het meer van Bolsena in Italië.

Hermsen ontwikkelt het idee dat het goed is om de tijd af en toe stil te zetten vanuit het gedachtegoed van Henri Bergson.[7] Ook hij maakt onderscheid tussen enerzijds de kloktijd en anderzijds de psychische of innerlijke tijd. Beide auteurs vatten kloktijd op als een aan de mens uitwendige tijd, een tijd die van buitenaf aan de mens wordt opgelegd. De innerlijke tijd onderscheidt zich daarvan, omdat deze in de diepte van het eigen innerlijk wordt ervaren. De kloktijd als objectieve tijd wordt geplaatst tegenover de subjectieve, die ook volgens Bergson de 'werkelijke' tijd is. Het is de tijd zoals we die in het innerlijk ervaren.

Hermsen spreekt over de innerlijke tijd ook als over de 'andere' tijd. Dat anders-zijn heeft een dubbele betekenis. In de eerste betekenis is de innerlijke tijd anders dan de kloktijd. En in de tweede betekenis biedt de innerlijke tijd zicht op iets dat anders is dan hoe de dingen in het hier en nu zijn. In deze laatste betekenis staat het 'andere' garant voor creativiteit, vernieuwing en vrijheid. Ze stelt dat wanneer het ons lukt 'om de tijd te vertragen en de rationele machinerie van onze hersenen te overstijgen', het ons tevens lukt 'om onze kern, ons middelpunt te treffen, de plek die vaak vergeten wordt en er doorgaans leeg en verlaten bij ligt, maar feitelijk de enig mogelijke bron van vernieuwing is.'[8]

Daar is wel wat op af te dingen. De stelling dat het rationele denken, ons intellect, geen bron van vernieuwing is, en dat alleen door het overstijgen van het redelijke denken vernieuwing tot stand komt, is gewaagd. Er zijn vele historische voorbeelden die laten zien dat juist het intellect tot nieuwe inzichten en nieuwe ontwikkelingen leidt. Einsteins intellect leidde tot de speciale relativiteitstheorie, het intellect van Watson en Crick tot de ontdekking van de dubbele helix en Newtons intellect leidde hem tot de omschrijving van de bewegingswetten. Intuïtie kan wel een belangrijke rol spelen bij het ontstaan van nieuwe inzichten, maar die intuïtie komt niet als een duiveltje uit het niets. Intuïtie hangt altijd samen met eerdere kennis, waarnemingen en ervaringen.

In *The Structure of Scientific Revolutions*, zijn studie naar het ontstaan van nieuwe inzichten in de wetenschap, stelt wetenschapshistoricus Thomas Kuhn dat het nieuwe zich gewoonlijk alleen voordoet aan de man die 'met precisie weet' wat hij zou moeten verwachten: 'In de wetenschap ... komt het nieuwe slechts met moeite naar boven, het manifesteert zich door middel van weerstand, tegen een achtergrond die door verwachting wordt geleverd.'[9]

Ook de bewering dat het stillen van de tijd tot vernieuwing leidt, dat het zelfs de enig mogelijke bron van vernieuwing zou zijn, is dubieus. Er zijn talloze verhalen over mensen die juist in de verstilling tot niets meer komen. Een bekend voorbeeld, in vele varianten verteld, is het verhaal van de man die in zijn schaarse vrije tijd een roman schrijft. Tot zijn verbazing wordt het een bestseller. Hij besluit daarop ontslag te nemen, zodat hij een oude droom kan realiseren: hij wordt fulltime schrijver. Dag in dag uit zit hij achter zijn bureau, klaar om te schrijven. Maar er gebeurt niets. Alle tijd ten spijt krijgt hij geen letter meer op papier.

Soortgelijke verhalen kennen we allemaal ook over wetenschappers die er niet in slagen om tijdens hun *sabbatical year* hun boek af te maken. En over gepensioneerden die alle goede voornemens ten spijt hun zee aan tijd niet gebruiken om een lang gekoesterde droomwens in vervulling te doen gaan, maar de dagen vullen met alledaagse bezigheden die ineens veel meer tijd kosten dan voorheen.

Het idee dat we in de stilte van de tijd geen vernieuwing aantreffen, dat het stilzetten van de tijd niet tot geniale invallen leidt, wordt fraai geïllustreerd in het slot van de roman *Amsterdam*.

Componist Clive Linley krijgt in de kolossale leegte van de natuur weliswaar zijn 'eureka'-moment, maar achteraf blijkt die inval geen vernieuwing maar plagiaat. De nieuwe melodie die Clive meent te horen, blijkt een eerder gehoorde, maar vergeten melodie te zijn. De herinnering aan de melodie zelf komt in het landschap op, maar dat hij de melodie eerder hoorde en dat deze door een ander is gecomponeerd is Clive vergeten.[10]

Wat het verhaal laat zien is dat het stillen van de tijd ons niet alleen de klok kan doen vergeten maar ook de mensen om ons heen. In de roman van McEwan lezen we hoe Clive juist op het moment dat hij de melodie meent te horen, wordt afgeleid door het gegil van een vrouw. Hij kijkt over de rand van de rots en ziet dat een man een wandelaarster aanvalt. Het komt hem slecht uit om de vrouw te hulp te schieten: als hij nu niet meteen de melodie opschrijft loopt hij het risico dat hij deze straks is vergeten. Terug in Londen hoort Clive van Vernon dat de vrouw werd aangevallen door een seriemoordenaar.

In het boek van Hermsen komt het stillen, het stilzetten van de tijd naar voren als een individueel gebeuren, iets wat het zelf aangaat en waarbij anderen vooral tot last zijn, zeker als zij beslag op de tijd dreigen te leggen. Ze is op zoek naar een 'meer persoonlijke, meer innerlijke tijd' die betreden kan worden als we de 'sociale tijd' van de klokken en de agenda's loslaten.[11] Dat stillen van de tijd zoekt ze dan in het alleen zijn. In *Windstilte van de ziel*, dat ze schreef voor de maand van de spiritualiteit, vertelt ze hoe ze drie dagen in een open dakkapel heeft zitten wachten in de hoop dat zich een geniale inval voordeed.[12]

In haar zoektocht naar gestilde tijd voert Hermsen het onderscheid tussen kloktijd en persoonlijke tijd terug op het onderscheid tussen sociale en individuele tijd. In de sociale tijd hebben we de klok nodig om met elkaar af te spreken. Zonder klok zouden we vaak op de ander zitten wachten. In de persoonlijke tijd hoef je geen rekening te houden met anderen en kun je je diep in je eigen innerlijk terugtrekken.

Maar is, met Hermsen meedenkend, die hoogst persoonlijke tijd niet juist de gemeenschappelijke tijd? We maken immers allen deel uit van de 'werkelijke' tijd die in ons innerlijk stroomt? Dat zou de innerlijke tijd tot iets bovenmenselijks, iets metafysisch of religieus maken. Het zou een stroom zijn waarvan we moeten geloven dat we er allen in zijn opgenomen en dat deze ons allen draagt of omwikkelt.

Bestaat er inderdaad een onderliggende stroom van tijd die alle mensen draagt? Die wellicht zelfs onze menselijkheid uitmaakt, althans als we erin slagen om met deze tijd in contact te komen? Hebben we het geloof in zo'n continue stroom van tijd nodig? Of zouden we ook zonder de kloktijd stil te zetten een tijdsbeleving kunnen vinden die het leven de moeite waard maakt?

Om die vragen te beantwoorden kunnen we terecht bij de tijdsfilosofie van Gaston Bachelard. Zijn stelling luidt dat de tijd niet continu maar discontinu is, en dat de continuïteit, die velen menen te zien, een constructie is die mensen keer op keer door middel van ritmes tot stand moeten zien te brengen. Dat uitgangspunt maakt het mogelijk om een andere opvatting over tijd te ontwikkelen dan die welke vervat ligt in het idee van het stillen van de tijd.

Discontinuïteit

Terwijl ik dit schrijf verblijf ik in Ouddorp op het Zuid-Hollandse eiland Goeree-Overflakkee. Als kind bracht ik hier vele zomers door, met mijn moeder, haar zussen, mijn broers en neven en nichten. Zes weken lang zwierven we elke zomer in groepjes door de duinen, we zwommen in zee, klommen in bunkers, vingen palingen en speelden verstoppertje op camping De Vrijheid. Halverwege de zomervakantie kwamen de vaders, die ons lachend optilden en bewonderend naar onze bruine huid keken.

Nu ik hier tientallen jaren later weer rondloop, word ik overvallen door herinneringen: ik loop met mijn vader die eind veertig zal zijn geweest over het strand van de Kwaaie Hoek naar de vuurtoren; mijn nichtje Marijke helpt me een duin doorzoeken waarin ik een stuiver heb laten vallen; neef Willy graaft een diepe kuil in het strand waar hij met hoofd en al in verdwijnt; mijn vader leert me een paling fileren; mijn moeder kruipt onder het prikkeldraad van de Westduinen door om wilde champignons te plukken; mijn ouders komen me tegen de schemering van het strand halen, ik wil niet mee, eerst moet ik het anker dat op het strand ligt los zien te graven. Morgen is er weer een dag, zeggen ze, dat anker blijft wel liggen.

Van al deze mensen is er nu niemand meer in Ouddorp. Mijn vader is begin jaren tachtig overleden, mijn moeder enkele jaren later. De ooms zijn dood, de nog levende tantes zijn geëmigreerd, mijn oudste broers zijn naar Canada vertrokken, en het merendeel van de neven en nichten is buiten Nederland gaan wonen. Ook het anker is weg.

De herinneringen aan de zomers in Ouddorp stoppen bij mijn achttiende, de herinneringen aan mijn vader houden op als ik eind twintig ben. In mijn naaste omgeving zijn er weinig mensen die mijn vader hebben gekend. Mijn kinderen hebben hem niet meegemaakt, geen van mijn naaste vrienden kent hem. Af en toe haal ik een foto uit een boek, maar die komt niet overeen met de herinneringen die ik heb. De tijd dat mijn vader bestond, en ook de zomers in Ouddorp, zijn voorbij.

Ik zou nu natuurlijk kunnen doen alsof mijn ouders in mijn herinnering voortleven, alsof de tijd met hen niet definitief voorbij is. Maar ik weet dat de herinneringen die ik aan mijn ouders heb misleidend zijn. In de loop der jaren zijn deze herinneringen vervaagd en vervormd. Bij elke nieuwe toehoorder heb ik de verhalen over hen aangepast, iets wat ik pas merk als ik een van mijn verre broers spreek die op hun beurt een eigen versie van vader of moeder hebben gemaakt. Herinneringen verliezen met de tijd hun betrouwbaarheid. Mijn herinneringen gaan ook niet verder dan het moment van hun dood: er zijn geen herinneringen over hun 'leven' na hun dood meer bijgekomen.

In mijn ervaring is er een breuk ontstaan tussen de tijd dat mijn vader leefde en de tijd erna. Hij leeft niet voort in het heden, zijn bestaan is ruim een kwart eeuw geleden gestopt en de herinnering aan hem wordt minder en vager naarmate het langer geleden is dat hij doodging. En omdat mijn moeder kort na hem stierf, is er voor mij geen verteller die hem in de herinnering levend houdt.

In *La dialectique de la durée*, dat in 1927 verscheen als een kritiek op de filosofie van Bergson, verzet Bachelard zich al tegen de gedachte dat er zoiets als een voortgaande stroom aan tijd bestaat. Er is volgens hem niet één lange *duur*, maar er zijn meerdere 'duren'. Elk mens, elk dier, elk ding en elk verschijnsel heeft een eigen duur, met een eigen begin en een eigen einde. Die 'duren' verschillen van elkaar, omdat de ene duur langer duurt dan de andere en de ene duur eerder of later begint en eindigt dan de andere. Daarom vallen de 'duren' niet altijd samen. Ze vormen ook niet één geheel, zoals Bergson meent.

Die veelheid aan duren laat zich illustreren aan de relatie tussen mensen en honden: een collega vertelt mij dat hij dol is op de Friese stabij, een vriendelijke, langharige hondensoort, zwart of bruin met witte vlekken. De levensduur van de Friese stabij is echter aanzienlijk korter dan die van de gemiddelde mens. Mijn collega, die niet zonder stabij door het leven wil, heeft gedurende zijn leven meerdere honden ten grave gedragen en weer nieuwe aangeschaft. Dat betekent niet dat de ene hond in de andere hond doorloopt. Elke hond heeft naar hij zegt een eigen naam, een eigen karakter en een eigen vlekkenpatroon. Vaak gaat er enige tijd overheen voor hij de dood van de oude hond heeft verwerkt en een nieuwe, jonge hond heeft aangeschaft. De opeenvolging van honden, met elk hun eigen levensduur, is voor hem niet continu, maar discontinu: er zitten gaten of breuken tussen de ene en de andere hond.

Ook mensenlevens lopen niet als een continuüm in elkaar over. Elk mens heeft een begin en einde, niet alleen in zijn of haar bestaan maar ook in de herinnering. Na twee generaties zijn gewoonlijk vrijwel alle herinneringen aan iemand verdwenen: over onze grootouders kunnen we nog redelijk wat vertellen, maar over onze overgrootouders of betovergrootouders weten we weinig tot niets. Zelfs in verhalen leven eerdere generaties nauwelijks voort.

Bachelard verwijt Bergson dat hij in zijn boeken geen oog heeft voor het verdwijnen van herinneringen. In *L' évolution créatrice* (1917) vertelt Bergson dat het verleden zichzelf automatisch opslaat en dat het ons op elk moment in zijn geheel volgt: 'alles wat we vanaf onze vroegste kindertijd hebben gevoeld, gedacht en gewild is daar; het buigt zich over het heden dat op het punt staat zich erbij te voegen, terwijl het drukt tegen de deur van het bewustzijn dat het liever buiten zou laten.'[13] Het hele verleden blijft altijd in het heden aanwezig. Iets echt vergeten is er bij hem niet bij. Hij vergelijkt het verleden met een sneeuwbal die al rollend steeds dikker wordt. Elke nieuwe laag sneeuw voegt zich bij de eerdere lagen, waardoor heel het verleden in de sneeuwbal behouden blijft.[14]

Als je de sneeuwbal van Bergson uit elkaar zou halen, zou je alle herinneringen weer terugvinden. Elke hond zou in volle glorie weer in de herinnering terugkomen. Mijn vader zou, als uit de dood opgestaan, weer fris mijn geheugen binnenwandelen. Dat zou een behoorlijk verwarrende ervaring zijn, omdat hij inmiddels niet meer de leeftijd van een vader maar die van een generatiegenoot zou hebben. Omdat zijn leven definitief ten einde is wordt hij niet ouder, en ik nog steeds wel.

Bachelard vindt dit idee van Bergson dat er één enkele tijd is, inadequaat, omdat het geen rekening houdt met wat hij 'de temporele diversiteit van verschijnselen' noemt:[15] elk mens, elk ding heeft een andere duur, en een ander begin en einde. De duur van mijn leven verschilt van die van mijn vader, mijn leven begon later dan het zijne, het speelt zich in een andere tijd af, en zal waarschijnlijk niet precies even lang duren als zijn leven.

Die diversiteit aan duren komt niet tot zijn recht in het idee van een diepe tijd, die als een onderliggende, homogene substantie elk verschijnsel in een volgend verschijnsel, elke hond in een volgende hond, doet overgaan. Ook het idee dat deze ene enkele, diepe tijd de herinnering aan ons tot in eeuwigheid voort zal blijven dragen, is onacceptabel, meent Bachelard. Hoe pijnlijk dat ook is, op den duur verdwijnen we vrijwel allemaal in het grote vergeetboek.

Als we Bachelards idee van een pluraliteit aan duren serieus nemen en er vanuit gaan dat er niet één enkele duur aan ten grondslag ligt, dan kunnen we er niet omheen dat er gaten of lacunes moeten bestaan tussen de verschijnselen die duren. In deze lacunes zijn de verschijnselen afwezig: ze duren dan niet. In de werkelijkheid, maar ook in onze psyche staat de dood van de ene hond los van het leven van de nieuwe hond: er valt een gat tussen beide honden.

Bergson gelooft in tegenstelling tot Bachelard niet in het bestaan van gaten. Hij ontkent het bestaan van leegte. Elke toestand gaat bij hem zonder onderbreking over in de volgende toestand. Elke noot in een melodie loopt door in de volgende noot, elke psychische toestand gaat zonder onderbreking over in de volgende psychische toestand.[16] Je zou daar tegenin kunnen brengen dat er altijd een gat valt tussen de ene en de volgende noot, maar dat klopt volgens Bergson niet: we blijven ons de klank van de eerdere noot herinneren, waardoor deze doorklinkt in de volgende. Ook de rust is bij hem niet leeg, maar altijd vol activiteit. Elke overgang tussen de ene en de volgende situatie is oneindig vol, zelfs het niets is naar zijn zeggen altijd vol van iets.

Bachelard breekt de oneindige volte van Bergson in stukken. Liever beschouwt hij tijd als een veelheid aan momenten (*instants*). Er ontstaat, zegt hij, cohesie of continuïteit tussen die momenten door de keuzes die we maken: wij zijn degenen die het ene moment verbinden met een ander moment. Onze wens tot continuïteit zou volgens hem onmogelijk zijn als we niet zoiets als eindigheid of een einde zouden zijn.[17] Elke keer als we iets weigeren, sluiten we iets af, en ook als we ergens 'ja' tegen zeggen, betekent het dat we iets anders achter ons laten. Vaak aarzelen we daarom voordat we definitief 'ja' of 'nee' zeggen. In de woorden van Bachelard:

> Als een handeling eenmaal gewenst is, als het een bewuste handeling is, één die put uit reserves van psychische energie, dan kan deze niet continu stromen. De handeling wordt voorafgegaan door aarzeling, hij wordt verwacht, uitgesteld, geprovoceerd, en deze subtiele onderscheidingen bewijzen dat hij geïsoleerd is en dat deze verschijnt in een dialectische golfbeweging.'[18]

Tegenover de Bergsoniaanse opvatting van continuïteit poneert Bachelard zo een discontinue tijd waarin rust en werk, iets en niets, creatie en destructie elkaar duidelijk onderscheiden afwisselen. Voor zover er al sprake is van 'duur' zit deze bij Bachelard vol lacunes.[19]

Die lacunes treden niet alleen op tussen de vele verschijnselen om ons heen of tussen de gebeurtenissen die we meemaken, maar ook in het psychische leven. In de psyche zijn op verschillende niveaus mentale processen gaande, die naast elkaar bestaan en elk een eigen duur hebben. De motivatie om een boek uit te lezen kan bijvoorbeeld haperen als een kind onze aandacht vraagt. Wanneer we het boek weer oppakken, zijn we vergeten wat we hadden gelezen en kan de motivatie om het boek uit te lezen zijn verdwenen. Er valt een lacune, waarin we geen boek lezen. Vervolgens pakken we een ander boek dat we ook weer gedurende een bepaalde tijd lezen. De intellectuele motivatie om te lezen is in dit geval niet continu, maar vertoont steeds weer lacunes, waarin de motivatie even wegvalt, om vervolgens weer op te komen. 'Psychische continuïteit is niet gegeven', schrijft Bachelard, 'maar wordt gemaakt'.[20]

Ik heb de neiging Bachelard hierin gelijk te geven. Intuïtief voel ik meer voor de discontinuïteit dan voor de continuïteit. Al vraag ik me af of intuïtie hier de beste raadgever is. Hermsen meent van wel: juist door het intellect te overstijgen, zouden we via de intuïtie in contact komen met de innerlijke, continue tijd.

Dat mijn intuïtie anders is dan die van Hermsen, dat ik als ik in mijn binnenste afdaal eerder discontinuïteit ervaar dan continuïteit, bewijst nog niet dat ik gelijk heb. Intuïties zijn niet per definitie waar, ze moeten net als gevoelens, redenen en meningen op hun waarheid worden getoetst. Maar het lastige van intuïties is dat anderen ze ook niet op hun waarheid kunnen toetsen. Liever dan op de intuïtie vertrouw ik daarom op waarnemingen, emoties, woorden en gedachten. Die kun je met anderen delen en in gesprek met hen op hun waarheid en bruikbaarheid toetsen en zo nodig verwerpen.

Waarnemingen laten ons een veelheid aan verschijnselen zien die een begin en einde hebben: muziekuitvoeringen, romans, liefdes, hondenlevens, gezelligheid, alles heeft een begin en eind.

Op emotioneel niveau ervaren we verdriet omdat de vakantie voorbij is, een relatie mislukt is, of omdat het leven van iemand van wie we hielden ten einde is. We zijn blij dat het eindexamen achter de rug is, dat de verbouwing van de keuken er op zit of dat de proefperiode op ons werk voorbij is.

Ook in het spreken en denken sluiten we dingen af en maken we weer een nieuw begin. Tegenover elk 'ja' stellen we een 'nee', en tegenover elk 'nee' een 'ja', om met Bachelard te spreken.[21] Keer op keer kunnen we besluiten ergens mee op te houden, er een streep onder te zetten en tegen iets anders 'ja' te zeggen.

De ervaring dat onze handelingen een begin en een einde hebben, discontinu zijn, en niet vloeiend in elkaar doorlopen, dat we van een handeling kunnen afzien, deze kunnen beginnen en stopzetten, ondermijnt de door Hermsen opgetekende intuïtie dat continuïteit een gegeven is. De continuïteit waarover zij spreekt laat zich niet rijmen met de dramatiek van het definitieve verlies, van de tegenspraak en de onverwachte wending. Maar die discontinuïteit, die door verlies, tegenspraak en onverwachte wendingen wordt ingezet, valt in het dagelijkse leven niet te ontkennen, hoe graag we dat ook zouden willen.

Je zou kunnen geloven dat de waargenomen discontinuïteiten 'in werkelijkheid' worden gedragen door continuïteit, maar wie zijn verstand gebruikt zal moeten constateren dat wat zich als discontinu verschijnsel voordoet onmiddellijk de verschijning van discontinuïteit is.[22]

Ritme

Het valt niet mee om te leven met discontinuïteit. A.F.Th. van der Heijden geeft daar in zijn requiemroman *Tonio*, over de dood van zijn zoon, indringend uitdrukking aan: 'De hoop dat Tonio ooit nog eens bij ons terugkeert, is de bodem ingeslagen. De angst dat de ijselijke waarheid hierover steeds dieper en obscener tot ons door zal dringen, neemt alleen maar toe.'[23] Het leven van Tonio is onherroepelijk voorbij, de continuïteit is voor altijd doorbroken: 'Dood is dood'.

De ervaring van discontinuïteit is over het algemeen ook geen prettige ervaring. We willen liever continuïteit. Het is wel zo prettig om de mensen, waarheden en dingen die ons lief zijn, vast te kunnen houden.

Ook zelf hopen we in de loop van de tijd enige continuïteit te behouden. Vooral als zich veel veranderingen in ons leven voordoen, is het aangenaam als er iets in ons identiek blijft. Wanneer er geen enkele continuïteit in de omringende wereld of in ons zelf zou zijn, zouden we waanzinnig worden.

De continuïteit waar we naar verlangen hoeft echter niet gegeven te zijn, we kunnen die ook zelf tot stand brengen. De dood van een geliefde wordt iets minder ondraaglijk als we erin slagen een nieuwe continuïteit tot stand te brengen, bijvoorbeeld door verhalen over hem of haar te blijven vertellen, het graf te bezoeken of iets bijzonders te doen op zijn of haar geboorte- of sterfdag.

Ook ritmes zijn een beproefde manier om continuïteit te produceren. Door een specifieke gebeurtenis, een specifiek ogenblik met een begin en een eind, zoals een verjaardag, ritmisch te herhalen ontstaat een aaneenrijging aan verjaardagen die met elkaar een ervaring van continuïteit geven. Ook al zijn we de meeste dagen van het jaar niet jarig, en is jarig-zijn slechts een moment – een discontinu fenomeen –, door de ritmische viering van de verjaardag ontstaat de illusie dat er een doorlopende lijn loopt tussen de geboorte en het heden. Die lijn bestaat niet werkelijk, maar door de ritmische herhaling van verjaardagen of andere belangrijke levensmomenten slagen we erin een ervaring van continuïteit te creëren. De beste manier om continuïteit tot stand te brengen, zo schrijft Bachelard, is door te vertrouwen op ritmes: 'Om te denken, te voelen, te leven moeten we orde in onze handelingen aanbrengen door ogenblikken samen te houden via de betrouwbaarheid van ritme.'[24]

In *Amsterdam* van McEwan doorbreekt Clive Linley de orde van zijn alledaagse bestaan door naar het Lake District te vertrekken. Hij vertrouwt niet langer op het ritme van de stad. De dood van Molly heeft zijn ritme doorbroken. Ook hij ervaart dat het bestaan eindig is, dat continuïteit niet meer dan een illusie is. Ver van Londen hoopt hij zichzelf te hervinden in het ritme van het wandelen in de natuur. Achteraf blijkt echter dat het moment waarop hij zichzelf als componist hervindt, het moment is waarop zijn definitieve ondergang wordt ingeluid. De gevonden melodie past zo weinig bij wie hij eerder was, dat hij maar liever zijn leven beëindigt.

Ook Hermsen roept de lezer ertoe op niet langer te vertrouwen op de ritmiek van het moderne leven. Stil de tijd, dompel je onder in andere, tragere ritmes, breek uit de sleur van alledag! Ze kan dat roepen omdat ze erop vertrouwt dat er een onderliggende duur is die altijd weer voor continuïteit zorgt ook al zetten we de tijd stil en doen we de rest van ons leven niets meer. Volgens mij is dat een illusie. Als we niets meer doen, als we alle ritmiek uit het leven halen, valt de continuïteit weg, en rest ons slechts de discontinuïteit. En juist daarmee valt niet te leven.

Omhoog, omlaag – omhoog, langzaam

Seks en het goede ritme

Op een avond, vlak voor het slapen gaan, zie ik op televisie een talkshow van Sophie Hilbrand. Het onderwerp is zoals gewoonlijk seks. Hilbrand vraagt aan de enige man in het gezelschap wat zijn minst aangename sekservaring was. De man hoeft niet lang na te denken: dat was met 'een vrouw die geen goed ritme had'. Hij vertelt hoe het niet wilde vlotten tussen hem en die vrouw, want ja, zij had het verkeerde ritme. De dames aan tafel knikken, ze kunnen zich goed voorstellen hoe erg dat geweest moet zijn. En ook ik verbeeld me te begrijpen wat hij bedoelt.

Enkele weken later vertel ik dit verhaal tijdens een etentje aan bevriende filosofen. Ze schieten in de lach. Ja, die situatie herkennen ze wel. Ook zij zeggen te begrijpen wat de man bedoelt. 'Maar vertel me, wat is zo'n niet goed ritme?', vraag ik hun. 'Waar zit dat in? Wie bepaalt dat?'

Het wordt laat die avond. Filosofen zijn drukke praters en gulle drinkers. Wat er precies werd gezegd zal ik u niet vertellen, maar wel hoe het gesprek ongeveer verliep:

Het meest voor de hand liggend is dat de heupbewegingen van het stel niet matchen, opent S. Een banaal antwoord, maar een waarvan we vinden dat het serieus genomen moet worden. Zo makkelijk is het niet om je lichaamsbewegingen op die van een ander af te stemmen. En je kunt moeilijk een metronoom naast het bed zetten. Als het niet lukt om samen een ritme te vinden, dan is dat voor minstens een van beiden een frustrerende ervaring, zo houden we elkaar voor.

Dat geldt niet alleen voor seks. Ook als je lief in een ander ritme eet, slaapt of danst kan dat een bron van teleurstelling of ergernis zijn. Al kan het ook voordelen hebben. De oudste filosoof in het gezelschap vertelt dat hij gewoonlijk eerder opstaat dan zijn vrouw. Hij is een ochtendmens, zij meer een avondmens. In de loop van de jaren is hij daaraan gewend geraakt, het geeft hem de rust om 's ochtends dingen alleen te doen.

Waarom er ochtend- en avondmensen zijn, weten we niet goed. Alles zit tegenwoordig in de genen, zegt S., dus zal dat hier ook wel het geval zijn. De ritmes van het lichaam zullen wel iets van het lichaam zelf zijn. Zoals het lichaam een hartritme heeft, zo heeft het vast ook een eigen ochtend- of avondritme. En een eigen ritme waarin de heupen bewegen. Als het waar is dat die ritmes in de genen zitten, dan krijg je ze bij de geboorte mee, besluit hij.

Het argument vraagt om tegenspraak. Zo gaat dat in de filosofie. Een argument dat niet tegen een stootje kan, is geen goed argument. Het eerste wat ons binnenvalt is dat het ritme van onze bewegingen evengoed het resultaat van de opvoeding kan zijn. Een kind aapt vanaf het eerste moment zijn omgeving na. Als zijn vader balletdanser is beweegt het anders dan wanneer zijn vader militair is.

Maar hoe leert een kind de ritmiek van seksuele bewegingen? Het taboe op seks tussen familieleden maakt het onmogelijk om de ritmiek van zijn ouders af te kijken. Ook op de vraag of iemand de ritmiek van zijn seksuele bewegingen zou kunnen veranderen, blijven we het antwoord schuldig.

'Als je het echt fijn met iemand hebt, denk je niet over het ritme', zegt H., die tegenover me zit. Ze vertelt hoe in haar ervaring het ritme vanzelf komt, dat hoef je niet met je bewustzijn te sturen. Het ritme van je lichaam vermengt zich, als het goed is, met het ritme van je geliefde. Daardoor ontstaat een gezamenlijk ritme waarin de dingen vanzelf gaan. 'Pas als dat niet gebeurt', zegt ze stellig, 'als er geen ritme ontstaat dat je alles doet vergeten, pas dan bedenk je dat het ritme niet goed is.'

De volgende ochtend, nuchter achter de computer, constateer ik dat er veel is gezegd, maar dat het gesprek me niet veel verder heeft gebracht in mijn zoektocht naar wat een goed ritme is. Zeggen dat iets een goed ritme is als het je in een toestand brengt waarin je opgaat in de bewegingen van de ander en je alles om je heen vergeet, is een mager resultaat.

Ik zou willen weten wat er nodig is om zo'n goed ritme te bereiken. Kun je daar zelf aan bijdragen? Kun je het oefenen, zoals je kunt leren dansen? Hoe komt het dat ritmes verstoord raken? Dat een goed ritme een goed gevoel geeft, weten we allemaal. Net zoals een slecht ritme of het ontbreken van ritme een ongemakkelijk of vervelend gevoel kan geven. Maar hoe bereik je dat goede ritme? En moet je dan niet eerst weten wat het is? Misschien is het makkelijker om eerst maar eens te onderzoeken wat een 'niet-goed' ritme is.

Ritmestoornissen

Ritme heeft te maken met herhaling, variatie en ordening. Maar het eenvoudig herhalen van een geluid of beweging is niet genoeg om van ritme te spreken. Als een ja-knikker met gelijke tussenpozen olie uit de grond pompt, geeft dat weliswaar orde en een maat aan, maar geen variatie. Daarom is het geen ritme. Ook verandering alleen is geen ritme. Een beweging of geluid wordt pas een ritme als er sprake is van drie elementen: het gaat om *variatie* en *ordening* in *herhalingen*.

John Dewey, Amerikaans psycholoog en filosoof, beschrijft in zijn boek *Art as Experience* ritme als 'geordende variatie van veranderingen'[1]. Hij komt tot die omschrijving na lezing van de uitleg die de Britse dichter William Wordsworth gaf over een van zijn vroege gedichten, 'An Evening Walk':

...
How pleasant, as the yellowing sun declines,
   And, with long rays and shades the landscape shines';
...
Now while the solemn evening Shadows sail,
   On red slow-waving pinions down the vale,
   And, fronting the bright west in stronger lines,
The oak its dark'ning boughs and foliage twines,[2]

Toen hij als veertienjarige zag hoe het zonlicht ervoor zorgde dat de blaadjes en takken van de eikenboom zich elke keer anders aftekenden, en dat er een ordening was in de relatie tussen het zonlicht en de aftekening (*And, fronting the bright west in stronger lines / The oak its dark'ning boughs and foliage twines*), bracht hem dat tot het bewustzijn dat er een oneindige, maar geordende variatie aan natuurlijke verschijnselen is, zo vertelde Wordsworth op latere leeftijd.[3]

Die grotere orde wordt bij Dewey gevormd door het geheel aan ritmes van de natuur, het ritme van dag en nacht, van regen en zonneschijn, van eb en vloed. Die ritmes zijn ouder dan alles wat mensen hebben gemaakt, ouder dan de poëzie, ouder dan de dans en ouder dan de muziek. Ritmes moeten we volgens hem ook niet zien als een eigenschap van de dingen, maar als iets dat zich laat *ervaren* in de dingen. Het is niet de muzikant die de muziek ritme geeft; het ritme komt als ervaring tot stand in de muziek.[4]

Zo zou je ook kunnen zeggen dat het niet de geliefden zijn die de seks ritme geven. Het ritme komt als ervaring in de seksualiteit zelf tot stand. Pas als er muziek is, is er een muzikaal ritme. En pas als er seks is, ervaren we het ritme van de seks.

Als die redenering klopt, zou H. gelijk hebben: als het goed zit tussen de geliefden, dan gaat het ritme van de seksualiteit vanzelf. Ze hoeven zich er alleen maar aan over te geven.

Misschien kunnen we op grond van deze benadering van het begrip ritme achterhalen wat er gebeurt als ritmes verstoord raken. Als het bij ritme om zowel herhaling, variatie als ordening gaat, dan ligt het voor de hand om de oorzaak van ritmestoornissen te zoeken in stoornissen in één van deze drie.

Zo kan het zijn dat de *herhalingen* te frequent of te weinig frequent optreden. In het eerste geval volgen de herhalingen elkaar te snel op. Wie elke minuut zijn e-mail leest, elke dag zijn verjaardag viert of elk uur de liefde bedrijft, zal dat op de lange duur niet volhouden, omdat er nooit meer een moment van rust is. In werksituaties kan een te hoge frequentie van herhalingen tot overspannenheid of burn-out leiden. Als een werknemer steeds vaker een evaluatierapport moet schrijven, als een jaarverslag een kwartaalverslag wordt, een maandverslag, een weekverslag, of zelfs een *real time* verslag, dan treedt op zeker moment stagnatie op. Ook een relatie kan stagneren als een van beide partners het tempo van consummatie niet kan bijbenen. De te hoge frequentie van herhalingen leidt tot discontinuïteit: het werk stopt, de verhouding wordt beëindigd en niemand komt meer langs op de dagelijkse verjaardag. Ook als herhalingen te weinig frequent optreden, kan dat een storend effect geven.

In de roman *Ada* van Vladimir Nabokov lezen we hoe de mannelijke hoofdpersoon Iwan Veen (wiens roepnaam Van luidt) vanaf zijn veertiende jaar een geheime relatie heeft met zijn nicht, tevens halfzus, Ada. In de periodes waarin het niet lukt om stiekem de liefde met elkaar te bedrijven, raakt Van geobsedeerd door zijn verlangen naar haar. De reeks exquise hoeren en amateur-charmeuses bij wie hij tussendoor zijn lusten stilt, kan zijn vuur niet blussen. De frequentie van ontmoetingen ligt te laag, en de tussenpozen zijn te lang. Ook in *Textuur van de tijd*, een boek dat Van als hoogleraar in de wijsbegeerte schrijft, weerklinkt frustratie over de frequentie van het ritme: 'Het ritme mag niet te langzaam maar ook niet te snel zijn. Een slag per minuut overtreft al ver mijn besef van opeenvolging en vijf tikken per seconde leidt tot hopeloze vervaging. In een breed ritme lost de Tijd op; door een rap ritme wordt hij verdrongen. Geef me een seconde of drie, dan kan ik het allebei: het ritme waarnemen en de tussenpoos sonderen.'[5]

In een goed ritme gaat het om de juiste duur van wat Van 'de Tere Tussenpoos' noemt: 'de grijze lacune tussen twee zwarte slagen.' Ritme lijkt hem het enige dat een besef van tijd suggereert, maar dan 'niet de herhalende slag van het ritme maar de lacune tussen de twee slagen.'[6]

Nabokovs filosoof lijkt hierin op de filosoof Bachelard. Beide beschouwen tijd als iets dat we ervaren in een ritmiek van lacunes en herhalingen en dus niet, zoals Bergson stelt, als een 'zuivere duur' of continue stroom van tijd. De kwaliteit van het (levens) ritme wordt bepaald door de lacunes, de tere tussenpozen. Wanneer die te kort zijn, slaan we op hol, en wanneer ze te lang zijn, raken we verveeld, gefrustreerd of geobsedeerd.

Ook de *variatie* binnen het ritme kan te weinig of te veel zijn. Wat het eerste betreft: ritmes raken verstoord als er niets of vrijwel niets nieuws optreedt in de herhaling. Wanneer er helemaal geen variatie optreedt is er feitelijk geen ritme meer. Ritme is immers een herhaling waarin een waarneembare verandering optreedt.

Daar valt tegen in te brengen dat zelfs als wij geen verschil tussen de ene en de andere herhaling waarnemen, deze op microniveau toch altijd iets van elkaar verschillen. Als we ervan uit gaan dat elke herhaling, hoe minimaal ook, een verandering teweegbrengt, dan betekent dit dat ook een monotone herhaling, zoals die van de metronoom of de ja-knikker, een ritme in zich draagt. Toch geeft een monotone herhaling, waarin we geen verschil opmerken tussen origineel en herhaling, een andere ervaring dan een herhaling waarin het verschil direct waarneembaar is. Een monotone herhaling leidt tot ergernis en verveling, terwijl een gevarieerde herhaling vrolijk en nieuwsgierig maakt.

Henri Lefebvre noemt het ritme waarin een herhaling zonder waarneembare variatie optreedt een 'lineair ritme'. Hij gebruikt dit begrip in eerste instantie voor ritmes die mechanisch tot stand worden gebracht: het tikken van de metronoom, de slagen op een heipaal of het druppen van een lekkende kraan. Maar ook lichamelijke bewegingen en seksuele handelingen kunnen, mits mechanisch uitgevoerd, een lineair ritme hebben. Zo tekende Anja Meulenbelt lang geleden in de feministische bestseller *De schaamte voorbij* over de seks met vriend Willem op: 'Ik durf niet te zeggen dat ik in de verste verte niet klaarkom zo, en dat dit mechanische gezwoeg me steeds meer begint te benauwen'.[7] De monotonie van de herhaling die in de lineaire, mechanische ritmes zit, roept ergernis of vermoeidheid op. Lineaire ritmes putten ons uit.[8]

Tegenover de lineaire ritmes stelt Lefebvre cyclische ritmes, die wat hem betreft een veel aangenamer gevoel geven. Cyclische ritmes hebben hun oorsprong in de kosmos en de natuur. Ze brengen in tegenstelling tot de lineaire ritmes altijd een zichtbare variatie, en dus telkens iets nieuws. Elke cyclische herhaling is tegelijkertijd een vorm van opnieuw beginnen.[9] Dat hernieuwde begin heeft het frisse, vrolijke van de terugkerende lente. Of, als het om seks gaat, het frisse, liefdevolle van de terugkerende penetratie.

Een aanwijzing voor wat de relatie tussen het cyclische ritme van de kosmos zou kunnen betekenen in relatie tot de cyclische ritmiek van de seksualiteit valt te beluisteren in het gedicht 'Het sonnet voor het nieuwe huis' van Maria van Daalen. Het gedicht opent met de woorden:

> Wanneer ik rondloop, op de cirkel, mij voor
> stel dat het de navel van de wereld is ...

om te vervolgen dat wanneer de ik-figuur dat doet, alle woorden zeggen dat zij terug moet naar het begin, daar waar het concentrische 'het overneemt van wat ik lijnrecht bedenk'. Van Daalen besluit het gedicht met de woorden:

> ... Die mij beweegt, lacht
> en strekt zich uit op bed. De waarheid is zacht
> voordat die zich spant en mij vult, elke keer
> is er die opening, ik geef mij over.[10]

Het genot van de cyclische herhaalde bewegingen van enerzijds de kosmos en anderzijds de seksualiteit wordt versterkt door het gevoel dat er steeds ook iets nieuws gebeurt.

Wat het laatste, het teveel aan variatie, betreft, ook dat geeft stoornis van het ritme. Wil het ritme goed zijn dan moet het nieuwe, dat in de cyclische herhaling zit, met mate komen. Te veel nieuws, of te veel verandering, kan desastreus zijn voor het ritme. Dat zien we in de roman van Nabokov gebeuren als Van op zijn tweeënvijftigste na een tussenpoos van zeventien jaar zijn Ada weer ontmoet. De verwachtingen zijn hoog, omdat Ada sinds kort weduwe is. Hoewel ze hem per brief heeft gewaarschuwd dat ze aanzienlijk is veranderd, 'zowel van contour als van kleur', wordt hij toch enigszins terneergedrukt door het seksuele onbehagen dat haar nieuwe verschijning bij hem oproept: 'zijn zinnen blijven totaal ongeprikkeld'. De schok van de veroudering verwijdert hen van elkaar. Ada vertrekt en Van trekt zich terug op zijn hotelkamer. Hij constateert bitter dat als ze de afgelopen zeventien jaar hadden samengeleefd hun de vernedering bespaard was gebleven: 'hun ouder worden zou een geleidelijke aanpassing zijn geweest, even onwaarneembaar als de Tijd zelf.[11]

De volgende ochtend blijkt Ada 's nachts op haar schreden te zijn teruggekeerd. Ze heeft een kamer schuin onder die van Van betrokken. Van ziet van bovenaf hoe ze 'peinzend, jong, wellustig, haar dij krabde waar de rechterbil zich verhief'.[12] Die aanblik schenkt de tijd nieuw leven, de tussenpoos van zeventien jaar slinkt ineen, en hun liefdesgeschiedenis ontwikkelt zich vanuit het verleden naar het heden in een concreet verhaal. In het verhaal dat daarop volgt, dat Van op zijn zevenennegentigste opnieuw in terugblik vertelt, blijven de geliefden voor altijd bij elkaar.

Dan maar alleen cyclische ritmes, zou je denken. Maar Lefebvre is het daar niet mee eens. Voor een goed ritme moet er volgens hem steeds een spanning bestaan tussen cyclische en lineaire ritmes, tussen ritmes met en ritmes zonder een duidelijk zichtbare variatie. Lineaire en cyclische ritmes hebben volgens hem een wederkerige relatie: ze dagen elkaar uit, maar zijn beide even onverwoestbaar. Bovendien meten ze zich aan elkaar: het lineaire ritme dient als maat voor het cyclische, en omgekeerd. Een voorbeeld. Wanneer een meisje zestien jaar wordt, kunnen we de hoeveelheid keren dat de aarde gedurende haar leven om de zon is gedraaid met streepjes aangeven op een lijn. Daardoor weten we dat het meisje bij elke lente een jaar ouder is geworden. De lijn met de zich herhalende streepjes dient als maat voor de cyclische herhaling. Andersom dienen de zestien lentes als maatstrepen op de lijn die van geboorte tot nu loopt, waardoor we niet alleen weten dat het meisje circa 5844 dagen heeft geleefd, maar ook dat ze zestien jaar is geworden.

Om een goed ritme te bereiken helpt het volgens Lefebvre om cyclische en lineaire ritmes 'op spanning' te brengen en actief te zoeken naar een betrekking, een maat of orde, waarin beide ritmes tot hun recht komen of elkaar versterken.

Tot slot, kan ook de *ordening* verstoord raken. Dewey dicht elke verandering die in de herhaling optreedt een welomschreven, geordende plaats in het grotere geheel toe. Zijn voorbeelden haalt hij vooral uit de orde van de natuur. Voortbordurend op de poëzie van Wordsworth merkt hij bijvoorbeeld op dat de ritmische intensiteit waarmee een stevige tak groeit zich ordelijk verhoudt tot de ritmische groei van de zwakkere blaadjes of kleine takjes. Dewey geeft aan dat er in de natuur fundamentele ritmes en wetten zijn, waar uiteindelijk alle ritmes naar verwijzen. In een dergelijke naturalistische visie verwijst het begrip ordening steeds naar de ritmes van natuurwetten of natuurlijke verschijnselen. Maar ordening kan ook heel anders ontstaan.

Bachelard geeft het voorbeeld van een dirigent die samenhang aanbrengt in de verschillende ritmes, stiltes en duren die de muzikanten voortbrengen. De correlatie tussen de muzikale ritmes verwijst niet naar een onderliggende natuurlijke orde, maar wordt tot stand gebracht door de tekens die de dirigent aan de instrumentalisten geeft.[13]

Wanneer we met Bachelard erkennen dat er een veelheid aan duren bestaat, die over elkaar heen liggen en onderling afhankelijk zijn, en dat die duren zowel natuurlijk als niet-natuurlijk zijn, dan zullen we de ordening niet moeten zoeken in een onderliggend natuurlijk ritme, maar in de wederkerige relatie tussen de verschillende ritmes. Het is niet de taak van de dirigent om de ritmes van de muzikanten op een onderliggend ritme af te stemmen, maar om 'hen meer bewust te maken van hun inspanningen om de verschillende ritmes wederzijds op elkaar te betrekken', aldus Bachelard.[14]

In het dagelijkse leven zijn er vele situaties waarin mensen zich nauwelijks bewust zijn van de inspanning die het kost om tot een goede relatie tussen de verschillende vigerende ritmes te komen. Zo leidt het 's nachts toestaan van versterkte muziek aan discogangers in dichtbevolkte woonwijken vaak tot afstemmingsproblemen. Pubers en adolescenten hebben een ander ritme en kunnen sneller van ritme wisselen, omdat hun biologische klok een grotere flexibiliteit heeft.[15] De uitgaanscultuur biedt hun daarbij extra voorzieningen die tot nieuwe uitgaansgewoontes leiden. Het uitgaansritme botst met de ritmes van mensen die in het arbeidsproces zitten. Pas als beide partijen zich inspannen om hun ritmes goed samen te laten gaan, of als een derde instantie hen bewust maakt van het voordeel van die inspanningen, kan er een ordening of afstemming tot stand komen.

Ook in relaties kan het samengaan van ritmes mislopen, bijvoorbeeld wanneer de één ochtendmens is en de ander avondmens. Nachtelijke tussenpozen waarin beide liefdespartners wakker genoeg zijn om zich aan elkaar over te geven, zijn dan schaars.

De verstoring kan ook van buiten komen. Zo kan de afstemming tussen verschillende muzikale ritmes verstoord worden door straatgeluiden of door het afgaan van een mobiele telefoon. In relaties kunnen ritmes die van buiten komen, zoals ritmes van vervoer, ritmes van werktijden of ritmes van buren, de afstemming op elkaars ritme belemmeren.

Op grond van de omschrijving van de stoornissen in de herhaling, de variatie en de ordening kunnen we vaststellen dat een goed ritme weliswaar niet in kwantitatieve zin is vast te leggen, maar wel in kwalitatieve zin. Een goed ritme kenmerkt zich door herhalingen waarvan het tempo niet te hoog en niet te laag ligt, door herhalingen die niet te veel nieuws, maar ook niet te weinig variatie brengen, en door het tot stand komen van een goede ordening in de veelheid aan ritmes die in het spel zijn.

Euritmie, polyritmie, aritmie

Ook bij Lefebvre treffen we uiteindelijk alleen kwalitatieve omschrijvingen aan voor wat een goed ritme is. En ook bij hem lijkt het dat we vooral moeten *ervaren* wat een goed ritme is.

Wat helpt is om naar ritmes te luisteren, en ze zo mogelijk van binnenuit te ervaren, zo raadt hij aan. Toch laat ook Lefebvre de theoretische vraag naar wat een goed ritme is niet links liggen. Hij introduceert de begrippen *euritmie*, *polyritmie* en *aritmie* om tot een omschrijving van het goede ritme te komen.

Euritmie kennen velen als naam voor de bewegingskunst die volgens de beginselen van de antroposoof Rudolf Steiner wordt uitgevoerd. Maar dat is niet waar Lefebvre op doelt. Euritmie omschrijft hij als 'het samengaan van ritmes in een staat van gezondheid of normale (dat wil zeggen, genormeerde!) alledaagsheid.'[16] Als we gezond zijn of het alledaagse bestaan op orde hebben, dan trekken alle ritmes in en om ons heen harmonieus met elkaar op. Wanneer de cyclische ritmes harmonieus samengaan met de lineaire ritmes van machines, digitale agenda's of klokken ontstaat euritmie. Een alledaags voorbeeld daarvan is de *App*, applicatie software op de smartphone, die de gebruiker bijvoorbeeld herinnert aan de cyclisch terugkerende trouwdag. Het lineaire, digitale ritme van de smartphone gaat goed samen met het ritme van de jaarlijkse cycli van verjaardagen, trouwdagen en andere bijzondere gelegenheden.

Met het begrip *polyritmie* geeft Lefebvre aan dat er tussen de vele ritmes (cyclische en/of lineaire) harmonie moet bestaan, om van een goed ritme te kunnen spreken. Wat de polyritmiek aan cyclische ritmes aangaat hoeven we ons eigen lichaam maar te raadplegen om dat te begrijpen. We voelen ons goed als de cyclische ritmes van het lichaam onderling goed samengaan, als er een goede afstemming bestaat tussen de ritmes van het hart, de longen, de nieren, de darmen. Wanneer slechts een van die ritmes uit de pas raakt, zitten we al minder goed in ons vel. Een disproportionele versnelling van de ademhaling geeft duizelingen en een beklemd gevoel op de borst. Een hart dat sneller klopt dan nodig is voor de inspanningen die we verrichten leidt tot vermoeidheid. Een te snelle ritmiek van de darmen leidt tot dunne ontlasting, een te trage tot verstopping.

Euritmie binnen de *polyritmie* van het lichaam houdt in dat er een 'metastabiel' evenwicht bestaat tussen de vele, verschillende ritmes in het lichaam – waarbij elk orgaan, elk weefsel en elke molecuul een uniek eigen ritme heeft. Maar dat niet alleen, het evenwicht omvat ook de interacties tussen het lichaam en de natuurlijke of sociale omgeving, ook die moeten goed zijn.[17]

Datzelfde is van toepassing op de polyritmiek aan lineaire ritmes. Ook die kunnen meer of minder goed samengaan. Zittend aan mijn bureau in mijn werkkamer hoor ik een kakofonie aan geluiden. Buiten over het plein schalt een hiphopbeat, binnen tikt een collega met zijn vingers op het toetsenbord, en in de verte mengen galmende klappen op heipalen zich met het kedeng-kedeng van langsrijdende treinen. Elk ritme staat los van de andere ritmes, een harmonie ontbreekt. Het is een aritmisch geheel.

Lefebvre gebruikt hiervoor de term *aritmie* of disharmonie. De ritmes – lineaire en/of cyclische – gaan dan niet goed samen.

Door die disharmonie verandert de prettige, euritmische toestand in een pathologische toestand van aritmie. Aritmie maakt mensen, en ook samenlevingen, letterlijk ziek, aldus Lefebvre.

Andersom kan een omzetting van aritmie naar euritmie de normale toestand van gezondheid terugbrengen. In de euritmie, in de goede relatie tussen cyclische en/of lineaire ritmes, ontstaat volgens Lefebvre de sociale tijd: de tijd of tijden die ervoor zorgen dat we als individu, als stel of als samenleving kunnen functioneren, dat we ons ergens thuis en op ons gemak voelen.

Lefebvre beperkt zijn omschrijving van euritmie tot de sfeer van de gezondheid en normale alledaagsheid. Maar als het over muziek, liefde, kunst of seks gaat, zijn andere waarden dan gezondheid zeker zo belangrijk. Dan gaat het bijvoorbeeld om schoonheid, genot, plezier of overgave. De vraag wat een goed muzikaal ritme is leggen we liever voor aan een muziekkenner dan aan een arts. En voor het antwoord op de vraag wat een goed seksueel ritme is, kunnen we beter bij dichters en romanciers terecht dan bij filosofen.

Als alle ritmes kloppen

Veel seksueel gedrag bestaat uit herhaling. Jaar in jaar uit verrichten mensen oppervlakkig gezien dezelfde handelingen met keer op keer hetzelfde doel: bevredigd worden. Het seksuele spel heeft cyclische en lineaire ritmes, oftewel herhalingen met en zonder waarneembare variaties.

In *Ik ook van jou* geeft Ronald Giphart een prachtige beschrijving van hoe lineaire ritmes ('Omhoog, omlaag') de cyclische ritmes van strelingen en aanrakingen afwisselen.[18] Ronald, de hoofdpersoon van het verhaal, wordt ontmaagd door Reza, een meisje met een goed gevoel voor ritme:

> De wereld is veranderd, er is nu alleen nog maar het meisje. Je voelt haar omhoog gaan, en weer omlaag. Je pakt met haar handen haar borstjes en tikt met je vingers tegen de tepels. Je streelt haar buik, haar rug, haar hals,

haar haar. Omhoog, omlaag. Je zet de punten van je vingers op de zijkanten van haar lichaam en drukt ze naar beneden. Omhoog, omlaag. Je richt je op, likt haar borstjes en laat je weer vallen. Omhoog, omlaag. Je hoort jezelf geluiden maken en merkt dat het meisje haar bewegingen versnelt. Omhoog, omlaag, omhoog, omlaag. Je probeert mee te schudden, maar dat gaat niet zo goed.

'Rustig maar,' fluistert het meisje, 'ik doe het wel.' Wat is ze lief het meisje. Dit meisje. Wat is ze mooi. Je ziet in het donker haar ogen en vergeet dit nooit meer. Omhoog omlaag. Je legt je armen naast je neer en sluit je ogen. Omhoog omlaag. Je voelt iets tintelen tussen je tenen. Het meisje voelt dit ook en verandert haar ritmiek. Omhoog, langzaam. Je zucht en woelt, blaast en spant. Omhoog, langzaam. Je kijkt haar aan en ze ziet je ogen. Omhoog, langzaam ...

In deze beschrijving lijken alle ritmes te kloppen. De lineaire ritmes van 'Omhoog, omlaag' en 'Omhoog, langzaam' lopen keurig in een tweekwartsmaat die steeds wordt gevolgd door één of meerdere maten rust. E-ne-twee-je (Om-hoog-om-laag). Rust. E-ne-twee-je. Rust. Ook de twee vormen van lineair ritme ('Omhoog, omlaag' en 'Omhoog, langzaam') bijten elkaar niet.

De cyclische ritmes, de herhalingen van strelen, likken, tikken, kijken, zuchten en woelen, gehoorzamen eveneens aan een regelmaat. Na elke cyclus van aanrakingen volgt een moment waarin de cyclische bewegingen plaatsmaken voor het 'Omhoog, omlaag'. Daarna beginnen de strelingen opnieuw, ze zijn hetzelfde en toch weer nieuw. Ook de cyclische ritmes zitten elkaar niet in de weg. De ene streling loopt soepel over in de andere.

De afwisseling tussen lineaire en cyclische ritmes verloopt al even ordelijk. Niet alleen in de scène, ook in de tekst zelf. Alsof de lineaire ritmes steeds op het goede moment plaatsmaken voor de cyclische, en die weer voor de lineaire. De tekst *werkt*: het ritme van de bewegingen klinkt door in het ritme van de zinnen.

'Een vertelling kan alleen maar werken als het ritme die vertelling dient,' schrijft Thomas Verbogt in zijn boek *Schrijven is ritme*.

'Het ritme van de zin moet iets toevoegen aan de betekenis van de zin. Of daarmee samenvallen.'[19] Dat laatste zien we bij Giphart. Het ritme van de zinnen valt samen met het ritme van de seksuele handelingen. De erotiek spat van de bladzijden.

De goede verhouding tussen lineaire en cyclische ritmes wordt versterkt door het gezamenlijke ritme dat in de bewegingen van de jongen en het meisje ontstaat. 'Wat is ze goed dit meisje ...' denkt de jongen tussen een volgend 'Omhoog, langzaam' en een 'Omlaag, langzaam'. Heel even dreigt het ritme te worden verstoord. Ronald probeert mee te schudden met het 'Omhoog, omlaag' van het meisje. Ze stelt hem gerust: 'ik doe het wel.' Als zijn tenen tintelen, verandert ze het ritme. Dat doet ze even later ook als zijn bovenbenen tintelen, en opnieuw als de tintelingen zijn bekken, anus en scrotum bereiken. Dan gaat ze over op een bijna mechanisch ritme waarin het alleen nog maar omhoogomlaagomhoogomlaag gaat. Ze smoort een schreeuw. De hoofdpersoon is ontmaagd.

Dit alles ontbrak waarschijnlijk in de onaangename ervaring waarover de man in de talkshow van Sophie Hilbrand vertelde. Dat vrijwel iedereen aan wie ik deze scène voorleg de situatie herkent, komt omdat we gevoelsmatig weten of een ritme al dan niet goed is. Een goed ritme geeft een gevoel van plezier, van genot, van gezondheid, van harmonie. Zolang het ritme goed is staan we daar niet bij stil. Het ritme vormt de vanzelfsprekende horizon of achtergrond waartegen de dagelijkse gebeurtenissen zich afspelen. Pas als het ritme verstoord raakt, als er aritmie optreedt en we ons lusteloos, ongemakkelijk of geërgerd gaan voelen, komt de vraag naar ritme op.

In antwoord op de vraag wat een goed ritme is, zou je kunnen antwoorden: een ritme waarbij we ons gewoon goed voelen. Met nadruk op 'gewoon', omdat een goed ritme niet opvalt in het leven van alledag. Als het ritme goed is, staan we er niet bij stil. Het is er gewoon, omdat het gewoon goed is.

Ook de vraag waarom een ritme niet goed is of waarom elk ritme ontbreekt, wordt daarmee beantwoord. Aritmie of een niet goed ritme kan door een te hoog of laag tempo aan herhalingen, door te veel of te weinig variatie of door een gebrek aan ordening worden teweeggebracht.

In het verhaal van de man op tv heeft het hem of de vrouw misschien aan orde of maat ontbroken, waardoor zowel de lineaire als cyclische bewegingen schokkerig waren. Het kan ook zijn dat een van beide het tempo niet kon bijhouden, of dat er geen ritmiek zat in de afwisseling tussen strelingen en meer mechanische bewegingen. Misschien pasten de ritmes die de man en vrouw van jongs af aan hadden meegekregen, niet bij elkaar en hielden ze niet genoeg van elkaar om de eigen ritmiek in te passen in die van de ander. Of zouden ritmes van buiten hun ritmiek hebben verstoord? Elk ritme is *relatief*, schrijft Lefebvre, het is altijd gerelateerd aan ritmes in de omgeving.[20] Wie weet heeft de man tijdens het vrijen een muziekje opgezet dat precies paste bij zijn eigen lichaamsritme, maar dat verlammend werkte op het ritme van de vrouw.

Wat werkelijk tot het ontbreken van het goede ritme heeft geleid, valt waarschijnlijk niet meer te achterhalen. Dat is niet erg. Wat van belang is, is dat het verhaal laat zien dat we zonder dat we het onder woorden kunnen brengen, *weten* wat een goed ritme is.

Waarom dat zo is, is misschien daarom zo moeilijk te doorgronden. Maar de vaststelling dat het bij ritme steeds om een spanning of ordening tussen variatie en herhaling gaat, tussen cyclische en lineaire ritmes, kan als wegwijzer dienen in de zoektocht naar het goede ritme. Als de spanning tussen beide goed is, voelen we ons op ons gemak.

Om die spanning te bereiken is steeds een derde, ordenende term nodig. Dat kan gezondheid of normale alledaagsheid zijn, maar ook schoonheid, genot, overgave of nog iets anders. In het volgende hoofdstuk zal ik laten zien hoe religie duizenden jaren lang de herhaling en de variatie op spanning en in orde wist te houden.

Heilige onderbrekingen

Ritme en religie

Op Eerste Paasdag schrik ik wakker van een zaagmachine. De buurman is op het balkon naast het onze een plank aan het doorzagen. Even later hoor ik hem met een hamer de spijkers door het hout slaan. Het geluid schalt over het binnenterrein.

'Dat zou je toch willen verbieden,' kreun ik.

Mijn vriend, een ochtendmens, grinnikt: 'Zal ik vragen of hij het kruis voor Jezus aan het timmeren is?'

'Laat maar. Dat kruis werd op vrijdag getimmerd.'

Ik draai me om, dommel weer in, maar word opnieuw uit mijn slaap gewekt door de buurvrouw aan de andere kant. Haar stem klinkt schril:

'Hé, het is zondagochtend! Kan het ook zachter?'

De hamer van de buurman blijft in de lucht hangen. Het is ineens doodstil. Ik luister naar wat volgt. Maar er volgt niets. De buurman houdt zich stil. Hij draait de radio zacht. De buurvrouw van de andere kant sluit de balkondeuren.

De buurman heeft respect voor de zondagsrust. Hij weet misschien niet dat de buurvrouw niet christelijk is. Ik vermoed dat ze de zondagsrust inbrengt omdat dat nu eenmaal een sterk argument is. Als ze zou zeggen 'Zeg hou eens op, ik wil vandaag uitslapen,' had ze vast geen poot om op te staan.

Zon- en feestdagen zijn bijzondere dagen. Ook voor de niet-religieuze mens. Wie op zondagochtend door de grachten van Amsterdam roeit, hoort elk geluid tussen de huizen weerkaatsen, zo stil is het. Scholen, fietswinkels, postkantoren, banken, werkplaatsen en gemeentehuizen zijn gesloten. Ziekenhuizen draaien zondagsdiensten. Vroege vogels gebruiken de zondag om te wandelen, te fietsen of te fitnessen. Late vogels slapen uit, brunchen laat en zitten in pyjama of ochtendjas voor het tv- of computerscherm. Een enkeling gaat naar de kerk.

Zon- en feestdagen onderbreken het alledaagse bestaan. Het werk wordt stilgelegd, en soms ook het huishouden, om tijd te maken voor onalledaagse zaken. Zon- en feestdagen worden gebruikt voor ontspanning, familiebezoek, sport, cultuur, uitslapen, computeren, rondhangen, niksen, kortom bezigheden die anders zijn dan wat we gewoonlijk doen. Ook al gaan mensen steeds minder naar de kerk, het overgrote deel van de Nederlanders doet op zon- en feestdagen andere dingen dan werken.[1]

De relatie tussen zon- en feestdagen en gewone dagen doet denken aan de relatie tussen de cyclische en lineaire herhaling, die in het vorige hoofdstuk werd besproken. De dagelijkse opkomst en ondergang van de zon geeft een lineaire reeks aan dagen die alle ongeveer hetzelfde zijn. Er zijn geen natuurlijke verschijnselen die het verschil laten voelen tussen de ene en de andere dag, zoals we het verschil tussen zomer en winter voelen. De lineaire herhaling van dagen die ontstaat door het op- en ondergaan van de zon kan het leven behoorlijk saai maken.

Dé manier om de sleur van de lineaire herhaling aan dagen te doorbreken is door cycli aan te brengen en de dagen binnen de cyclus een naam te geven. De lineaire reeks

dag-dag-dag-dag-dag-dag-dag-dag-dag-dag-...

verandert in de cyclische reeks

zondag-maandag-dinsdag-woensdag-donderdag-vrijdag-zaterdag-zondag-maandag-dinsdag-...

In de bovenste lijken alle dagen op elkaar, terwijl we in de onderste duidelijk verschil zien tussen de ene en de andere dag. De cycli brengen kwaliteit in de zich herhalende dagen. Die kwaliteit wordt geaccentueerd als we aan de namen van de dagen een betekenis hechten: zondag als rustdag, maandag als wasdag of eerste werkdag, woensdag als thuiswerkdag of kinderdag, vrijdag visdag, ATV-dag of laatste werkdag van de week, en zaterdag boodschappendag of voetbaldag.

In de lineaire herhaling waarin alle dagen hetzelfde zijn ('de zon gaat op, de zon gaat onder') geeft de cyclische herhaling van dagen met een naam en een specifieke betekenis de variatie. De cyclische herhaling van zon- en feestdagen geeft daarbinnen nog een extra dimensie, omdat het dagen zijn waarop de alledaagse bezigheden worden stilgelegd. De zon- en feestdagen worden als het ware uit de zich herhalende reeks aan gewone dagen getild. Op die uitgelicht momenten trachten we te ontsnappen aan de trivialiteit van alledag.

We vieren dat bijzondere met rituelen en ceremoniën: het nieuwe jaar wordt ingeluid met vuurwerk, op verjaardagen eten we taart, met Kerst wordt de boom versierd, en op Koninginnedag hullen we ons in oranje.[2]

Door bepaalde dagen als bijzonder of onalledaags uit de stroom aan gewone dagen te lichten, en deze te gebruiken om met gelijkgezinden bijzondere dingen te doen, geven we aan dat we sommige dingen of mensen belangrijker vinden dan andere. In de herhaalde afwisseling van alledaagse en bijzondere dagen en door op bijzondere dagen de echt belangrijke dingen met anderen te delen, koesteren we het belang van aloude waarden als welzijn en gemeenschappelijkheid.

De opvatting dat het de kwaliteit van het alledaagse bestaan ten goede komt wanneer we bepaalde uren, dagen of periodes als bijzondere momenten afzonderen van de rest, vindt zijn oorsprong in de religie. De Franse socioloog Émile Durkheim stelt in zijn studie naar de elementaire verschijnselen van het religieuze leven dat alle religies onderscheid maken tussen het alledaagse en het onalledaagse, tussen het 'profane' en het 'sacrale'.[3] Het gemeenschappelijk vieren van bijzondere momenten zorgt niet alleen voor afwisseling in het bestaan, maar bindt mensen ook aan en in de viering van die bijzondere momenten.

Het sacrale en het profane

Alle religies, ook de meest vooruitstrevende, verdelen zaken in twee domeinen, schrijft Durkheim: iets behoort óf tot het werkelijke óf tot dat wat het werkelijke te boven gaat: het verhevene, denkbeeldige of ideëele. De grens tussen die twee domeinen is absoluut, het ene domein omvat alles wat alledaags is, het andere alles wat heilig is. De geschiedenis van de mensheid kent volgens Durkheim geen andere categorie die de zaken zo radicaal scheidt en tegenover elkaar plaatst.[4] Zelfs het verschil tussen goed en kwaad is niets vergeleken met dat tussen het sacrale en het profane. Goed en kwaad wijzen tenslotte naar hetzelfde domein, dat wil zeggen naar de moraal. Maar het profane en sacrale wijzen naar twee afzonderlijke werelden: de alledaagse wereld en de wereld die zich aan het alledaagse onttrekt. Die twee hebben niets met elkaar gemeen. In beide werelden tegelijk vertoeven is dan ook onmogelijk.

Religies scheiden het profane en het sacrale zowel ruimtelijk als temporeel. Die afbakening heeft een gemeenschapsvormend effect: in heilige ruimtes en op heilige momenten worden de religieuzen verenigd in hun geloof en in de gemeenschappelijke praktijken waarmee uitdrukking aan het geloof wordt gegeven.[5]

Markeringen in ruimte en tijd helpen de gelovigen aan die afbakeningen te herinneringen: de heilige ruimtes worden ommuurd, van zware deuren voorzien, bij het betreden worden rituele en ceremoniële handelingen uitgevoerd, en de gelovige wordt via klokkengelui of de roep uit de minaret uitgenodigd voor de eredienst. Zo markeert in West-Europa het luiden van de kerkklok al meer dan zes eeuwen dat de profane tijd van werk en huishouden moet wijken voor de sacrale tijd van de eredienst.[6]

Het belang van sacrale ruimtes en tijden waar mensen elkaar periodiek treffen schuilt volgens Durkheim in de specifieke ervaringen die de gelovigen er opdoen. De periodieke herhaling van rituele en ceremoniële handelingen vormen wat hij een 'cultus' noemt: 'een systeem van verschillende rites, festivals en ceremonies die alle erdoor gekenmerkt worden dat ze periodiek terugkeren.'[7] De cultus vervult de behoefte van de gelovige om zich met regelmatige tussenpozen één te voelen met het verhevene of onalledaagse. Ieder die ooit een religie heeft gepraktiseerd kent het gevoel van vreugde, innerlijke rust of enthousiasme dat de cultus teweeg brengt. Die ervaring voelt als het bewijs voor het geloof, aldus Durkheim.[8]

Maar ook voor de niet-religieuze is het idee van de cultus van belang, omdat de religie de bakermat is van het hele sociale leven: 'Als religie alles heeft voortgebracht wat essentieel is in de samenleving, dan komt dat omdat het idee van samenleven de ziel van de religie is.'[9] Durkheim concludeert daaruit dat een samenleving alleen kan bestaan wanneer deze de noodzaak voelt om met regelmatige tussenpozen de collectieve sentimenten en ideeën over wat mensen bindt, in ere te houden en te herbevestigen.[10] Wanneer er geen enkele behoefte meer wordt gevoeld om gezamenlijk Oud en Nieuw, Koninginnedag, Pinkpop, de Uitmarkt, de zondag of andere bijzondere dagen te vieren, is er geen samenleving meer.

Op twee manieren in de wereld

Het gemak waarmee Durkheim van het sociaal/religieuze naar het sociaal/niet-religieuze domein stapt, ontbreekt in het werk van de Roemeens-Amerikaanse godsdiensthistoricus Mircea Eliade. Ook Eliade is ervan overtuigd dat het onderscheid tussen het sacrale en profane karakteristiek is voor religies. Hij wil het heilige in heel zijn complexiteit weergeven en begrijpen waarin het verschilt van het profane. Het profane en het sacrale zijn voor hem twee tegengestelde manieren van in-de-wereld-zijn, 'twee wezenlijke situaties die de mens in de loop van de geschiedenis heeft aanvaard.'[11] Het profane is het alledaagse in-de-wereld-zijn, waarbij de tijd gewoon doorloopt, terwijl het sacrale dat is wat die tijd doorbreekt en zicht geeft op het niet-tijdelijke, het goddelijke, het kosmische, kortom de heiligheid.

Eliade bestudeerde de religieuze ervaring in verschillende historische periodes en culturen. In *De mythe van de eeuwige terugkeer* beschrijft hij hoe primitieve volkeren zich tot de kosmos wendden om te overleven, in het geloof dat daar een heilige, goddelijke ordening heerste die de mens tot voorbeeld kon dienen. Door periodiek in rituelen en feesten de oorspronkelijke schepping van de kosmos na te bootsen werd de mens opgenomen in de heiligheid van de kosmische ordening.[12] Elke menselijke schepping, elke echtelijke vereniging en elke bezetting van nieuw gebied werd daarom gevierd als een herhaling van de kosmogonie: 'Iedere oprichting, iedere inwijding van een nieuwe woonplaats benadert in zekere mate een nieuw begin, een nieuw leven. En ieder begin herhaalt het oerbegin, waarin het universum voor 't eerst het daglicht zag.'[13]

De rituele feesten verbonden de deelnemers met de mythische gebeurtenis die 'in den beginne' had plaatsgevonden en doorbraken de sleur van de gewone tijd. Zoals ook nu een feest mensen uit de sleur van het dagelijkse bestaan kan halen, zo werden mensen lang geleden door het feest in de heilige tijd getild. Rituelen als het zich omkleden, het aantrekken van een toga, feestjurk of nieuw pak en het proosten met wijn, hielpen toen en nu om zonder gevaar voor leven van de ene in de andere tijd over te gaan.

In *Het heilige en het alledaagse bestaan* tracht Eliade de verhouding tussen het sacrale en het profane, die hij bij de primitieve religieuze mens aantreft, te vertalen naar het heden. Ook nu kan de religieuze mens de profane tijdsduur periodiek stil zetten. Dat doet hij door een heilige tijd in te voegen. Het vieren van bijvoorbeeld het kerst- of paasfeest doorbreekt de profane tijd.

De niet-religieuze mens kent die stilzetting volgens Eliade niet. De niet-religieuze mens last geen heilige tussenpozen in, omdat de tijd voor hem geen breuk of geheim heeft. 'Hoe uiteenlopend de tijdritmes ook mogen zijn die hij (de niet-religieuze mens, MH) ervaart, en hoe verschillend de intensiteit daarvan, de niet-religieuze mens weet dat het altijd om een menselijke ervaring gaat waarin geen ruimte is voor welke goddelijke aanwezigheid dan ook.'[14]

Het stilzetten van de alledaagse tijd helpt de niet-religieuze mens volgens Eliade niet om buiten de sleur van alledag te treden. Het onalledaagse of heilige zal altijd ontoegankelijk blijven voor hem. Voor de niet-religieuze mens kan de tijd niet anders dan altijd hetzelfde zijn, zijn leven loopt zonder heilige onderbrekingen van geboorte via de volwassenheid naar de dood. Meer dan dat is er niet, claimt Eliade.[15]

Eliade ontneemt daarmee de niet-religieuze mens de mogelijkheid om zich de theorie van het sacrale en profane op een nieuwe manier toe te eigenen. Hij staat niet toe dat de religieuze afwisseling van profane en sacrale tijden wordt vertaald naar niet-religieuze sferen. De enige tijd die bij hem de alledaagse tijd kan doorbreken is de sacrale tijd. Niet-heilige onderbrekingen zijn geen echte, want alledaagse onderbrekingen. Hij gebruikt een circulair argument om dat standpunt te onderbouwen: de mens die niet in Gods aanwezigheid gelooft ervaart de goddelijke aanwezigheid niet. En omdat het onalledaagse gelijk staat aan het heilige, kan de niet-religieuze mens het onalledaagse niet ervaren.

Deze cirkel kan echter worden doorbroken door in de omschrijving van het onalledaagse ook niet-religieuze, bijzondere ervaringen op te nemen, zoals bijzondere feesten, bijzondere momenten van stilte, bijzondere zondagochtenden waarop je niets doet, of bijzondere politieke bijeenkomsten waar mensen het gevoel delen dat het belangrijk is om naar een wereld zonder honger en geweld te streven. Bovendien vieren ook veel nietgelovigen Kerstmis, Pasen en andere van oorsprong religieuze feesten. Zij gaan dauwtrappen met Hemelvaart en uit eten met Kerst.

Eliade ziet nog iets over het hoofd: juist de religie heeft een prominente rol gespeeld in het loskomen van de 'heilige ordening' die in de hemelen heerst. Niets dan de religie heeft zozeer de aanzet gegeven tot het ontwikkelen van klokken, kalenders en andere tijdsaangevers die het overbodig maken om ons nog tot de kosmische ordening te wenden. Via de binnen kloosters uitgedokterde klokken en kalenders hebben mensen leefritmes opgelegd gekregen die nu eerder niet-religieuze dan religieuze doelen dienen.

Laat ik wat langer stilstaan bij deze door religie ingebrachte middelen om de mens los van de heilige kosmos tot bepaalde leefritmes te brengen.

Van kosmos los

De vandaag veel gehoorde klacht dat de klok ons opjaagt, wekt de suggestie dat het vooral profane, wereldse motieven waren die tot de uitvinding en verspreiding van de klok hebben geleid. Maar de geschiedenis van de kalender en het uurwerk laat zien dat juist religieuze instituten cruciaal zijn geweest in de verspreiding van een algemeen gebruikte kalender en de openbare klok, en daarmee in het bereiken van een gezamenlijke tijdsordening waarin profane en sacrale momenten periodiek worden afgewisseld.

Na duizenden jaren de hemel te hebben afgelezen, gingen zowel wereldse als religieuze leiders op zoek naar aardse instrumenten die de hemelse observaties overbodig maakten. Een voorbeeld van dat loskomen van de hemel is de kalender die Julius Caesar in 45 voor Christus invoerde. Deze Juliaanse kalender liep min of meer synchroon met de bewegingen van de zon en de maan, maar vanaf dat moment waren het de wetten van de kalender en minder die van de hemelen die orde aan het dagelijkse leven gaven.[16]

Een ander voorbeeld van het loskomen van de hemel zijn de mechanieken die kloosterlingen in Europa vanaf de elfde eeuw wisten te ontwikkelen om de tijdsduur tussen de verschillende gebeden aan te geven. En – wat vooral belangrijk was – die ook 's nachts werkten.[17]

Een vroeg voorbeeld van zo'n mechaniek is de kaarswekker, waar men metalen pennetjes in duwde die tijdens het branden in ongeveer gelijke tijdsintervallen op een schaaltje vielen.[18] Deze lijkt op de patentwekker die de hedendaagse dichter Gerrit Komrij in het gelijknamige gedicht als oplossing voor dit probleem bood. De ik-figuur van Komrij had genoeg aan een potlood en een kaars: hij zette tien strepen rondom de kaars, schoof hem brandend zo veel streepjes in zijn achterwerk als hij uren slapen wilde, en werd wakker als het vuur zijn bilspleet raakte.[19]

Dergelijk handwerk legde het in de religieuze ordes af tegen de mechanische krachten. Vanaf de dertiende eeuw werden in kloosters uurwerken gebruikt die door gewichten werden aangedreven.[20] Veelal waren het astronomische klokken: ze gaven niet alleen het uur, maar ook de fasen van de maan en de positie van de zon tegen de tekenen van de dierenriem aan. Naar de hemel kijken was onnodig, de klok vertelde dag en nacht wat de positie van de zon en de maan was.

Het uurwerk verspreidde zich spoedig buiten de kloosters. Vanaf de veertiende eeuw, waarin men uren van gelijke lengte ging gebruiken in plaats van lange zomeruren en korte winteruren, werden er in kerktorens grote mechanische uurwerken met slagwerk geplaatst. Aanvankelijk zonder wijzerplaat, want het tellen van het aantal slagen was genoeg om te weten hoe laat het was. Vanaf het einde van de vijftiende eeuw namen publieke stadsklokken, die veelal midden op het stadsplein werden aangebracht, de tijdaangevende rol van de kerk over.[21]

Behalve de klok vonden ook religieuze tijdtabellen, die de ritmes voor gebed en andere religieuze verplichtingen vastlegden, weerklank buiten de kloosters. Zo gaven de Getijdenboeken, die in het laatmiddeleeuwse Europa zeer populair waren, aan welke momenten van de dag (welke 'Getijden' of welke 'Horae') geschikt waren voor gebed of andere religieuze oefening. De getijdenboeken openden gewoonlijk met een kalender waarop de feest- en heilige dagen waren aangetekend die de bezitter in acht diende te nemen.[22]

De religieuze achtergrond van de hedendaagse tijdsordening zien we ook in de Gregoriaanse kalender, die nu internationaal als (seculiere) standaardkalender wordt gebruikt. Die kalender dankt zijn naam aan Paus Gregorius XIII, die in 1582 de Juliaanse kalender met tien dagen inkortte en een nieuwe regel voor het schrikkeljaar invoerde.[23] Daarmee werd het probleem dat het paasfeest in de loop der eeuwen steeds vroeger in het jaar viel, opgelost. In de huidige, Gregoriaanse kalender valt eerste paasdag elk jaar op de eerste zondag na de eerste volle maan óp of na het begin van de lente.[24]

Nog altijd verwijzen het merendeel van de feestdagen in de seculier gebruikte Gregoriaanse kalender naar historische, christelijke gebeurtenissen. De geboorte van Jezus (kerstmis), zijn opstanding uit het graf (eerste paasdag), zijn hemelvaart (hemelvaartsdag), en de uitstorting van de geest (eerste pinksterdag) zijn slechts enkele van de vele religieuze vrije dagen in de hedendaagse agenda.

De kalenders van de twee andere grote monotheïstische godsdiensten, het jodendom en de islam, zijn door de hegemonie van de Gregoriaanse kalender op het wereldtoneel op de achtergrond geraakt. Die zijn daar niet onverdeeld gelukkig mee. De Gregoriaanse kalender wordt weliswaar voor seculiere doeleinden gebruikt, maar daarnaast houden de islam en het jodendom, maar ook veel andere godsdiensten, voor religieuze doeleinden een eigen kalender met eigen feestdagen aan.[25]

De invloed die religie in de loop van de menselijke geschiedenis heeft gehad op de ordening van de tijd, en vooral de afwisseling van sacrale en profane tijd, kan bijna niet overschat worden. Ook nu nog zijn de indeling van de dag, week, maand en het jaar, en de uurwerken, tijdtabellen en kalenders die we gebruiken terug te voeren tot religieuze activiteiten.

De verleiding is groot om met het badwater van de religie ook de klok, de kalender en de periodieke afwisseling tussen profane en sacrale tijden weg te gooien. De fervente atheïst zal roepen dat de gezamenlijke viering van rust of festivals een knellend korset is. Het ontneemt het individu de vrijheid om zelf de tijd in te delen. Maar voor we tot die conclusie komen, is het goed ons te verdiepen in de functie die de ritmische viering van bijzondere momenten heeft voor mens en samenleving.

De sociale kracht van religieuze ritmes

De eerste, en naar het me voorkomt oudste, functie van de religieuze ritmes is die van de overleving van de samenleving en van het individu binnen die samenleving. Overleven als individu was, en is, vrijwel niet mogelijk zonder anderen. In primitieve agrarische samenlevingen waren priesters van levensbelang. Ze bestudeerden de bewegingen van de hemellichamen en berekenden op grond daarvan wat het juiste moment was om te zaaien en te oogsten of wat het goede moment was om ten strijde te trekken. Ze hadden ook de autoriteit om te bepalen wanneer er gefeest, overvloedig gegeten en gedronken mocht worden en wanneer er gevast moest worden. Zo beschermden ze vermoedelijk de voorraden tegen de gulzigheid van enkelingen.[26] De overlevingskansen van samenlevingen met een priester waren daarom groter dan die van samenlevingen zonder priester.[27] De voor de overleving benodigde orde kon niet anders dan van de priester komen. Wetten en geschreven regelingen die de gemeenschap bij elkaar hielden bestonden nog niet. Millennialang bleef religie dan ook de belangrijkste aangever van de ritmes van het menselijk bestaan. Ze werden daarin in de vroegste beschavingen bijgestaan door sterrenkundigen, die, voor zover bekend, steeds ten dienste stonden van de religie.[28]

Een tweede belangrijke functie van de religieuze ritmiek is dat de periodieke viering van rust, feesten of herinneringsbijeenkomsten de sociale cohesie bevorderde. In de viering van doop-, huwelijks-, begrafenis-, initiatie- en inwijdingsrituelen werden de leden in de religieuze gemeenschap aan elkaar en aan de gemeenschappelijke gedragen waarden verbonden.[29] De 'cultus' behoort om met Durkheim te spreken tot de groep, ze maken de eenheid ervan uit.[30] Een gemeenschap waarvan de leden op dezelfde manier denken over de heilige en profane wereld en deze gemeenschappelijke ideeën vertalen in gemeenschappelijke praktijken, heet een Kerk. Durkheim treft in de geschiedenis geen religies zonder Kerk. Wanneer we het woord Kerk vervangen door 'gemeenschap' of 'samenleving', dan zou dit betekenen dat ook in een niet-religieuze setting de viering van verjaardagen, feestdagen en zondagen een sociaal bindende functie heeft.

Een derde functie is het bevorderen van het lichamelijk en geestelijk welzijn van de leden van de samenleving. Priesters en andere religieuze leiders hebben op basis van observaties van de zon, de maan en de sterren leefritmes opgesteld die het menselijk welzijn vergrootten. De waarnemingen van de zonsopkomst en zonsondergang werden gebruikt om de dag secuur te onderscheiden van de nacht en om zo de tijdstippen van waken en slapen vast te stellen. De indeling van de week in zeven dagen lijkt gebaseerd te zijn op waarnemingen van de maan. De vier kwartieren van de maan zouden de achtergrond van de weekindeling vormen.

In de joodse kalender werd de zevendaagse week gekoppeld aan het scheppingsverhaal zoals dat in Genesis wordt verteld. De zaterdag werd de heilige dag, de sabbat. Met de naleving van de sabbat onderscheidden de joden zich van niet-joden.[31] Het christendom maakte er een zesdaagse werkweek van met de zondag als rustdag.[32] Het islamitisch geloof kent eveneens een cyclus van zeven dagen, maar heeft de vrijdag als gebedsdag aangewezen.[33]

De profane tijd, waarin de zich herhalende dagen zich aaneenrijgen, wordt in deze religies elke zeven dagen gedurende één dag onderbroken voor een sacrale tijd. Ook andere culturen kennen een regelmaat in dagen die op enkele uitzonderingen na bijna altijd neerkomt op een zevendeling, met vaste tijden voor activiteiten en voor stilte of rust. Eén dag in de week moet anders zijn dan de rest. Het getal zeven lijkt te voldoen aan een menselijke behoefte om eens in de zeven dagen iets bijzonders te doen.

Waarnemingen van zon en maan werden ook gebruikt om het jaar in seizoenen en het leven in levensfasen in te delen. Zoals we al bij de getijdenboeken zagen, stelden religieuze leiders in de loop der tijd een veelheid aan voorschriften op voor wat wanneer in het jaar gedaan diende te worden. Belangrijk uitgangspunt daarbij was dat lichamelijke ritmes werden afgestemd op de ritmes van de hemellichamen.

Het onderscheid tussen het profane en het sacrale is van doorslaggevend belang geweest bij de religieuze indelingen van de dag, week en het jaar. Die indeling hoeft niet altijd gunstig uit te pakken voor mens en samenleving. Durkheim geeft aan dat het sacrale zowel gunstige als ongunstige vormen kent. De goede soort bewaakt de fysieke en morele orde en brengt de mens gezondheid, leven, en andere kwaliteiten die we hoog achten; de kwade soort brengt wanorde, veroorzaakt ziekte en dood en zet aan tot heiligschennis.[34] De eerste soort is heilzaam voor de mens, de tweede ondermijnt alle heilzame krachten.

Een ritueel feest kan tot een ontlading van woede, hebzucht, wraak en andere heftige gevoelens leiden waardoor de rust in de gemeenschap wordt hersteld, maar die ontlading kan ook doodslag, nieuwe wraak of grotere hebzucht tot gevolg hebben, die de kans op het uiteenvallen van de gemeenschap vergroten.[35]

Een vierde functie van de religieuze ritmes is om discipline aan te brengen. De ritmes die de priesters ontwierpen had een disciplinerende werking op de leden van de samenleving: men wist dat er voor alles een tijd was, dat het niet van pas kwam om oorlog te voeren als het een tijd voor vrede was, of om te eten als het een tijd van vasten was. In later tijden krijgt die tijdsdisciplinering de vorm van punctualiteit. Te laat uit bed komen om de metten te luiden, zoals Frère Jacques uit het Franse kinderliedje overkomt, dat kan natuurlijk niet.[36]

Aanvankelijk kwam de disciplinering geheel van buitenaf, waarbij de priester fungeerde als een soort doorgeefluik van de goddelijke ordening. Maar in de loop der tijd werd die disciplinering steeds meer geïnternaliseerd, en ontstond er een combinatie van *Fremdzwang* en *Selbstzwang*, om met socioloog Norbert Elias te spreken.[37] In veel gevallen bleek die zelfdwang nauwelijks nodig. Het ritme werd zozeer geïnternaliseerd dat mensen het ervaren als iets dat aan hun cultuur of henzelf eigen is, iets dat hen maakt tot wie ze zijn.

We kunnen het ritme van een ander niet begrijpen als we niets van het ritme van zijn of haar cultuur weten. In haar indrukwekkende studie naar de ritmes van de islam, getiteld *By Noon Prayer. The Rhythm of Islam*, stelt godsdienstantropoloog Fadwa El Guindi dat religie, in dit geval de islam, een kwaliteit heeft om ruimte en tijd tot een ritme te weven dat gelovigen (moslims) 'voelen, ervaren, waarnaar ze leven, waarmee ze denken en dat ze internaliseren.'[38] Wie de moslim wil begrijpen, moet het ritme van de islamitische cultuur begrijpen, aldus El Guindi.

Een vijfde functie van de religieuze ritmiek is dat het leven door de afwisseling van profane en sacrale tijden betekenis kreeg. Vaste leefritmes en periodiek terugkerende feesten helpen om het leven als zinvol te ervaren. Of liever, ze voorkomen dat mensen zich voortdurend afvragen wat de zin van het bestaan is. Als we bij het wakker worden weten wat ons die dag te doen staat, is er weinig reden om ons af te vragen waar het allemaal toe dient. We doen gewoon ons ding, en klaar.

Het bekendste vers waarin dat gewoon-je-ding-doen wordt uitgedrukt, is dat van Prediker die in de oorspronkelijk joodse bijbel schreef:

Voor alles wat gebeurt is er een uur,
een tijd voor alles wat er is onder de hemel.
Er is een tijd om te baren
en een tijd om te sterven,
een tijd om te planten
en een tijd om te rooien.
...
Er is een tijd om te zoeken
en een tijd om te verliezen,
een tijd om te bewaren
en een tijd om weg te gooien.
...
Er is een tijd om lief te hebben
en een tijd om te haten.
Er is een tijd voor oorlog
en er is een tijd voor vrede.[39]

Het leven mag dan ijdel zijn, in de zin van voorbijgaand én betekenisloos, er mag dan 'niets nieuws onder de zon' zijn, zoals Prediker voorafgaand aan deze regels schrijft,[40] God is wel zo vriendelijk geweest om te zorgen dat wij mensen altijd iets te doen hebben. Voor alles is een tijd, waardoor er, omgekeerd, geen tijd is waarin we niets te doen hebben.

Een zesde functie is de verbondenheid met het heilige, verhevene of onalledaagse. Voorheen was dat de verbondenheid met de grotere of hogere orde, die via rituelen en sacrale voorwerpen werd bereikt. Tegenwoordig zullen we die verbondenheid met het grotere geheel eerder 'ecologisch bewustzijn' of 'holisme' noemen, het besef dat alles met alles samenhangt. Maar de verbondenheid met het onalledaagse of sacrale kan ook gewoner zijn. Durkheim noemt bijvoorbeeld idealen als iets dat ons verbindt met een wereld die beter of verhevener is dan de alledaagse wereld waar we gewoonlijk in leven.[41]

Hernieuwde toe-eigening

Een kritische geest, die weinig met godsdienst op heeft, zal mij voor de voeten werpen dat er van religieuze invloeden weinig over is in het 21e-eeuwse Europa. Met de industrialisatie, de verwetenschappelijking en mechanisering van het wereldbeeld is de functie die de religie had voor de overleving, de sociale cohesie, het welzijn, de disciplinering, de betekenisgeving en de verbondenheid met het onalledaagse overbodig geworden.

Deze 'seculariseringstheorie' veronderstelt dat er een nauwe samenhang bestaat tussen enerzijds de modernisering, die aanving in de 17e en 18e eeuw, en anderzijds een afname van religiositeit. Hoe moderner de samenleving, hoe minder religieus haar burgers. Die stelling staat sinds enige tijd ter discussie. Ook in de huidige laatmoderne tijd blijkt religie een blijvende maatschappelijke betekenis te hebben. Mensen blijven behoefte houden aan religie, hoewel de religieuze beleving minder institutioneel gebonden is, en meer gericht op wat wel 'de vervulling van het zelf' of 'religieuze zingeving' wordt genoemd.[42] Het gaat daarbij, zo meldt de Wetenschappelijke Raad voor het Regeringsbeleid in het rapport *Geloven in het publieke domein*, om nieuwe, getransformeerde vormen van religiositeit of spiritualiteit.[43] De nieuwe religiositeit is minder gebonden aan religieuze instituties, en meer gericht op vervulling van het zelf, op het bereiken van een waardevol of zinvol leven. Religiositeit is eerst en vooral een individuele ervaring, of een individueel streven naar iets dat het alledaagse leven zin geeft.[44]

Zou Mircea Eliade deze nieuwe religiositeit nog als religieus betitelen? Heeft het streven om een zinvol of waardevol leven te leiden nog iets met de ervaring van het heilige te maken? Ik zou zeggen van niet. Zelfs de hedendaagse ervaring van spiritualiteit zal in veel gevallen geen ervaring van een 'goddelijke aanwezigheid' inhouden. Maar voor het betoog is de vraag of de nieuwe religiositeit nog iets met god of het heilige te maken heeft niet van wezenlijk belang. Waar ik naar toe wil is dat we ondanks de ontkerkelijking en individualisering van de religiositeit nog altijd hechten aan de ritmes die door de religie zijn uitgedacht. 'De profane mens draagt nog altijd, of hij wil of niet, de sporen van het gedrag van de religieuze mens, maar dan ontdaan van hun religieuze betekenissen', constateert ook Eliade.[45]

De verklaring waarom we aan ritmeaangevers blijven hechten is evident: ook nu hechten we aan overleving en al die andere functies die de ritmische afwisseling van alledaagse en onalledaagse uren, dagen, weken en levensfasen heeft in het menselijk bestaan.

Accudagen

Maar hoe zit het nu met de zon- en feestdagen? De zondag als bijzondere dag wordt vaak weggezet als religieus. Enerzijds is dat terecht, omdat vooral de kleine christelijke partijen in het openbare debat de zondagsrust opeisen.[46] Maar anderzijds zijn er steeds meer niet-kerkelijke mensen die zich achter de zondagsrust scharen, en die om seculiere redenen ervoor pleiten om de zondag een andere dag te laten zijn dan de donderdag of de vrijdag. Minder consumentistisch, meer gericht op sociale activiteiten en ontspanning.[47]

Zon- en feestdagen zijn voor veel mensen dagen om dingen te doen die ze anders niet doen, een dag om de zinnen te verzetten, te genieten van het leven, liefst zonder werk of huishoudelijke klussen te verrichten. Ze gaan naar het zondagochtendconcert, kijken naar Buitenhof, lezen de zaterdagbijlagen van de krant, bezoeken vrienden of familie, gaan naar de meubelboulevard of hangen in ochtendjas in huis rond. Veel zondagse activiteiten zijn niet op consumptie gericht, maar op gezelligheid, plezier, het ontmoeten van mensen, het tot rust komen of het luisteren en kijken naar muziek, films en kunst.

Zo hebben veel zon- en feestdagen in onze tijd een nieuwe betekenis gekregen. Je zou het de gemeenschappelijke 'accudagen' kunnen noemen, de dagen waarop we de tijd nemen om op te laden, ons te verpozen en de alledaagse bezigheden te vergeten.

Ook hier zien we een afwisseling van 'profane' en 'sacrale' tijd, maar dan als alledaagse en bijzondere tijd. Maar, zulke collectieve accudagen kunnen nog slechts bestaan als minstens een kwart van de bevolking wel werkt. Horecapersoneel staat klaar om de brunch met vrienden te serveren, machinisten en treinconducteurs regelen het vervoer naar familie, pretparken of wandelgebieden, televisiemakers zorgen voor vermaak op zondag, suppoosten verwelkomen museumbezoekers, winkelpersoneel rekent de bank of tafel af, muzikanten zorgen voor auditieve ontspanning, politieagenten waken over de files en brandweer, ambulancepersoneel, artsen en verpleegkundigen staan klaar voor alle noodgevallen die zich voordoen. Een groot aantal van de zondagswerkers neemt een andere dag in de week als accudag. Maar die dag blijft toch altijd anders dan de zondag.

Hernieuwde toe-eigening

We zitten in een overgangstijd, waarin de Kerk, de Synagoge, de Moskee en de Religieuze Gemeenschap steeds minder een bindende factor zijn. Zal het verlies aan religieuze gemeenschappelijkheid ook tot een verlies aan temporele gemeenschappelijkheid leiden? Zijn we onderweg naar een politiek systeem waarin mensen vrijwel geen gezamenlijke periodieke momenten om te rusten, feesten of rouwen meer hebben?

In een geseculariseerde wereld is feitelijk geen moment heilig, alles kan in principe op elk moment van de dag, de week, het jaar of het leven worden gedaan. In een 24-uurseconomie is het onnodig om verschil te maken tussen alledaagse en onalledaagse uren. Mocht het individu behoefte hebben aan het onalledaagse, dan staat het hem vrij om dat zelf te organiseren.

Maar veel zaken die het leven leuk, bijzonder of waardevol maken zijn niet als individu te organiseren. Om feest te vieren hebben we vrienden, familie of kennissen nodig die bereid zijn hun alledaagse leventje te doorbreken en iets bijzonders met ons te doen. Stilte vergt overleg en afspraken over wanneer lawaai te maken en wanneer stil te zijn. Stilte kan ook worden bereikt door gewoontes: als het gewoon is om op zondagochtend stil te zijn, dan ervaren we het als ongewoon wanneer iemand op die ochtend een hamer ter hand neemt. Hem even aan die gewoonte herinneren is dan genoeg.

Hoe zouden we de ritmische afwisseling van gewone en bijzondere dagen in een niet-religieuze setting kunnen vormgeven? Hoe scherp willen we de grens tussen het alledaagse en het onalledaagse trekken? Wordt de kwaliteit van zon- en feestdagen minder wanneer er op die dagen rekeningen op de deurmat vallen, de glazenwasser langskomt, sollicitatiegesprekken worden gevoerd of collega's e-mails sturen?

Een vast program voor de afwisseling van het gewone en bijzondere is niet voorhanden, het zal een proces van uitproberen blijven. Wel kunnen we in de praktijk van alledag onderzoeken waar we het onderscheid aanbrengen, hoe we dat doen en of dat onderscheid bijdraagt aan de kwaliteit van het bestaan. Met in ons achterhoofd de vraag hoe we ons het aloude onderscheid tussen het sacrale en profane op nieuwe manieren kunnen toe-eigenen en het van meer eigentijdse betekenissen kunnen voorzien.

De nieuwe goden van de regelmaat

Bioritmes

Iedereen heeft het erover. Het woord circuleert in kranten, beleidsnotities, op scholen en op televisie.

We kijken niet vreemd op als journalisten vertellen dat wedstrijdsporters hun 'bioritme' in de gaten houden. Het bioritme kan het verschil uitmaken tussen een zilveren of een gouden plak, zo weten we sinds de Olympische Spelen in Peking. De zwemwedstrijden vonden in de ochtend plaats, een tijdstip waarop het lichaam nog niet wakker genoeg is om topprestaties te leveren. Door de zwemmers bij het ontbijt voor een lichtschermpje te zetten, lukte het om hun bioritme te vervroegen.[1]

Scholen en onderwijsorganisaties roepen tegenwoordig dat het goed is om het onderwijs in te richten op de 'bioritmes' van kinderen. Nu meer ouders tweeverdieners zijn staat het traditionele schoolrooster ter discussie. Het alternatief, een vol continu rooster, kan op weinig steun rekenen. Een kind heeft rust nodig, vinden ouders. Dan liever de 'bioritmische schooldag', die afgestemd is op het bioritme van het kind. Kinderen blijken het beste te leren tussen 10-12 en 14.00-16.30 uur. In een bioritmisch rooster worden op die uren rekenen en taal aangeboden. Vóór tienen en in de extra lange lunchpauze krijgen de kinderen sport, spel en andere creatieve of ontspannende bezigheden.[2]

'Bioritmes' van pubers doen het ook goed in onderwijsland. Hun biologische klok, zo zeggen biologen, loopt trager dan bij volwassenen.[3] Daarom gaan ze laat naar bed en kunnen ze er 's ochtends niet uit komen. In Duitsland zijn enkele middelbare scholen overgegaan op een bioritmisch rooster: ze beginnen later en gaan langer door, in de verwachting dat de jongeren later op de dag wakker genoeg zijn om de stof tot zich te nemen.[4]

'Bioritmes' van werknemers blijken interessant voor werkgevers. Arbodiensten, die de kwaliteit van de arbeidsomstandigheden in de gaten houden, adviseren werkgevers tegenwoordig om hun werknemers 'lekker in hun eigen bioritme' te laten werken.[5] Elk mens heeft een eigen ritme, zo is het idee, de ene functioneert beter in de ochtend en de ander beter in de avond. Werkgevers doen er goed aan om met hun personeel door te nemen op welk moment van de dag of week zij het beste presteren. Voor elke werknemer kan dan een eigen, flexibel werkrooster worden opgesteld. De arbodiensten raden de werkgevers aan om hun ICT-voorzieningen aan dat eigen bioritme van werknemers aan te passen.[6]

Zelfs verkeerspsychologen hebben het over 'bioritmes'. Een verstoord bioritme kan 's nachts tot ongelukken leiden. Veel nachtwerkers krijgen rond drie à vier uur 's nachts een dip. Daardoor zijn ze minder alert. De Stichting Wetenschappelijk Onderzoek Verkeersveiligheid raadt in de zomer vakantiegangers aan om vooral niet 's nachts te rijden. Het nachtelijke rijden brengt het bioritme in de war. Uit hun statistieken blijkt dat er jaarlijks duizend tot wel vierduizend verkeersongevallen plaatsvinden die zijn veroorzaakt door slaperigheid of vermoeidheid.[7]

Waar komt die enorme belangstelling voor bioritmes vandaan? Zelf kende ik de term tot een aantal jaren geleden alleen uit de astrologie. Volgens de astrologie staat ieder mens onder invloed van drie bioritmes (van 23, 28 en 33 dagen) die verbonden zijn met de bewegingen van de planeten en de sterren.[8] Die ritmes beginnen bij de geboorte en lopen door tot voorbij de dood. Aan de hand van de geboortedag kunnen astrologen uitrekenen hoe iemands emotionele, lichamelijke en intellectuele prestaties door de dag of week variëren. Dankzij New Age websites kunnen we dat nu ook zelf doen.[9] Astrologen gaan ervan uit dat elk lichamelijk verschijnsel verbonden is met een planeet. De stand daarvan is bepalend voor wat bij ziekte de meest geschikte therapie is en wanneer deze het beste kan worden toegepast.[10]

Zo'n vijftien jaar geleden schreven de wetenschapsredacteur Marcel Hulspas en de wiskundige Jan Willem Nienhuys in hun

Encyclopedie der pseudo-wetenschappen dat er weinig theorieën zo grondig weerlegd zijn als de astrologische theorie van bioritmes. Ze haalden grootschalige onderzoeken uit Engeland, Oostenrijk en Nederland aan, waaruit zou blijken dat er 'geen enkel effect van bioritmen te zien is op ongelukken, sport- en andere prestaties.'[11] Nu verschijnen er steeds meer publicaties dat bioritmes wel degelijk effect hebben op het ontstaan van ongelukken en op sport-, leer- en werkprestaties. Maar wat Hulspas en Nienhuys niet konden voorzien is dat bioritmes hier een niet-astrologische betekenis hebben.

Wanneer mensen tegenwoordig over bioritmes spreken, ontlenen ze dat woord niet aan de astrologie, maar aan de wetenschap. Dat wil zeggen aan de chronobiologie, een tak van de biologie die zich wijdt aan de studie van de biologische tijd. Chronobiologen houden zich bezig met de veranderingen die het lichaam gedurende de dag, het seizoen of het jaar ondergaat. Ze verdiepen zich in de mechanismen die dat teweegbrengen ('de biologische klokken') en ze bestuderen de wisselwerking tussen de ritmes van het lichaam en die van de omgeving.

Chronobiologen ontdekten in 1997, het jaar waarin Hulspas en Nienhuys de bioritmes wegschreven, dat het menselijk lichaam vol 'biologische klokjes' zit. Die klokjes regelen de biologische ritmes, bioritmes, van het lichaam: het hartritme, het ademhalingsritme, de schommelingen in de lichaamstemperatuur, de menstruatiecycli, de pieken en dalen in de eetlust tot en met het ritme van de slaap.

Het beeld van 'klokjes' moet niet al te letterlijk worden genomen. Er zitten geen mechanische klokken in ons lichaam die minuten of uren aftellen, geen wekkers die waarschuwen dat we naar bed, aan tafel of naar de wc moeten, en er zitten ook geen zandlopers in ons lichaam die gedurende het leven leeglopen. De 'klokjes' zijn eerder een soort stofjes of processen die heen en weer bewegen en daardoor elkaar aan of uit zetten.[12] Zo zetten ze de organen, spieren en hersencellen aan om actief te worden of rust te nemen. De interactie tussen de vele klokjes zorgt ervoor dat alle processen in het lichaam goed op elkaar zijn afgestemd.

De biologische klokjes zijn in een zeer lang evolutionair proces ontstaan onder invloed van het op- en ondergaan van de zon en de maan. Chronobiologen ontdekten dat het menselijk lichaam tot op de molecuul gedirigeerd wordt door ritmes van de kosmos, zoals het dag-en-nachtritme, maanritmes, seizoensritmes en jaarritmes. De bioritmes van het lichaam zijn een evolutionaire aanpassing aan die kosmische ritmes.

De chronobiologie is een vorm van wetenschap. Toch beperken veel beoefenaars zich niet tot het verwerven van kennis over bioritmes. Ze zeggen ook dat het *goed* is om te leven naar bioritmes: goed voor de gezondheid, goed voor de samenleving en goed voor de economie. De kennis over bioritmes krijgt daarmee een morele, politieke en economische lading.

Als we naar bioritmes leven, zo vertellen chronobiologen in de media, dan leven we langer, blijven we gezonder, zijn we beter gehumeurd en presteren we beter op het gebied van sport, arbeid en onderwijs. Een kleine greep uit hun arsenaal aan adviezen:

- 'Mensen die zo'n zes tot acht uur slapen, leven gemiddeld langer dan mensen die veel korter of langer slapen.'[13]
- 'Al lig je om 2 uur 's nachts in bed, sta iedere dag voor 8 uur op.'[14]
- 'Chronisch slaaptekort verhoogt de kans op overgewicht. De weerstand neemt af, dus je bent ook vatbaarder voor virussen en het hart en de bloedvaten worden kwetsbaar.'[15]
- 'Een goed slaap-waakritme is goed tegen depressie.'[16]
- 'Langdurige nachtwerk kan tot borstkanker leiden.'[17]
- 'Ongestoorde slaap is goed voor de economie.'[18]
- 'Als de biologische en de sociale klok gelijk lopen, ontstaat een gezondere en slimmere samenleving.'[19]

De boodschap, die deze adviezen verbindt, is dat leven volgens bioritmes – en vooral volgens het bioritme van dag en nacht – heilzaam is voor de gezondheid, de levensduur, het geestelijk welzijn en het prestatievermogen. Daar hebben de samenleving en de economie baat bij.

Opmerkelijk is dat deze boodschap nauwelijks verschilt van wat alternatieve genezers al veel langer zeggen. Aan het begin van de twintigste eeuw verkondigen de aanhangers van alternatieve geneeswijzen al dat we langer gezond blijven als we in harmonie leven met het dag-en-nachtritme, de maanritmes, seizoenen en andere kosmische ritmes. Bij hen komt dat advies niet voort uit een wetenschappelijk bestudering van bioritmes, maar uit een geloof dat er vele onbekende relaties zijn tussen zeer uiteenlopende verschijnselen.

Nog opmerkelijker is dat chronobiologen in het voorschrijven van leefritmes de rol overnemen die voorheen door priesters en andere religieuze leiders werd bekleed. Nadat gedurende duizenden jaren de religie de mens had doordrongen van de waarde die de kosmische ordening heeft voor de gezondheid en het welzijn, zijn het nu chronobiologen die vertellen dat het gezond is om te leven naar ritmes die zijn ontstaan in respons op de oeroude ritmes van de zon, de maan en de sterren.

Chronobiologen functioneren als de nieuwe hogepriesters van deze kosmische ritmiek. Zoals de zeventiende-eeuwse natuurwetenschapper Jan Swammerdam in de anatomie van een luis het bewijs van Gods voorzienigheid aantrof,[20] zo treft de hedendaagse chronobioloog in de moleculen van het menselijk lichaam het bewijs aan dat het gezond is om te leven naar de ritmes van de zon en de maan. Steeds meer empirische studies bevestigen dat ze daarin gelijk hebben.

Hoe komt het dat chronobiologen zoveel waarde hechten aan bioritmes? En waarom is het zo belangrijk om alles over bioritmes en hun samenhang met kosmische ritmes te weten?

De zoektocht naar bioritmes

Chronobiologen zijn geen hemelkijkers. Ze speuren de kosmos niet af naar tekenen voor hoe de mens zou moeten leven. Liever duiken ze diep in de levende materie van mens, dier, plant of micro-organisme. Daar troffen ze in de vorige eeuw het bewijs van wat al eeuwenlang werd vermoed, namelijk dat de mens een ingebouwde biologische klok heeft.

In de oudheid gingen artsen er al vanuit dat het lichaam een zekere ritmiek heeft, al was het maar omdat ziekteverschijnselen als koorts of hoofdpijn door de dag heen erger of minder erg werden.[21] Het lag voor de hand om te denken dat die ritmische veranderingen een direct gevolg waren van de bewegingen van de hemellichamen, die immers de dag- en maanritmes aangaven. Zo neemt de astrologie nog altijd aan dat de stand van een planeet een direct effect heeft op het lichaam. De chronobiologie ontdekte dat die relatie er wel is, maar dat die wel een stuk ingewikkelder is dan de astrologie het voorstelt. Al was het maar omdat de biologische klok ook doortikt buiten de directe invloedssfeer van de kosmos.

De eerste die dat ontdekte was de Franse sterrenkundige Jean Jacques d'Ortous de Mairan. In 1729 voerde hij een experiment uit met een mimosaplant. Mimosa is een zogeheten heliotroop, de blaadjes openen zich bij zonsopkomst en sluiten bij zonsondergang. Het experiment van De Mairan bestond eruit dat hij de mimosaplant in het donker zette. Tot zijn verbazing bleven de blaadjes zich in het donker openen en sluiten. Het was dus niet de zon die dit in gang zette. De Mairan vermoedde op grond van het experiment dat planten een inwendige klok hebben, maar kon niet uitsluiten dat andere uitwendige invloeden dan licht en donker de bewegingen van de plant in gang zetten.[22]

Ruim anderhalve eeuw later, aan het einde van de negentiende eeuw, was hierover nog steeds geen duidelijkheid, zij het dat nu ook artsen het vermoeden uitspraken dat de mens een inwendige klok heeft, een instrument dat het lichaam dag-en-nachtritmes, maan- en seizoensritmes oplegt. Dat vermoeden werd ingegeven door de nauwgezette studies die fysiologen in de negentiende eeuw maakten van de schommelingen in lichaamstemperatuur, polsslag, bloeddruk en hartactiviteit.

Beroemd is het verhaal van de Britse legerarts John Davy, die in 1845 acht maanden lang zijn lichaamstemperatuur opnam. En dat meerdere keren per dag. Thermometers waren in die tijd moeilijk te verkrijgen. Ze waren zo lang en dik dat ze in een kistje onder de arm meegenomen moesten worden. Bovendien moesten ze *in situ* – in de mond, oksel of anus – worden afgelezen. Om de thermometer, zonder hem uit zijn mond te halen, zelf af te kunnen lezen fabriceerde Davy een 30 centimeter lange thermometer met een bocht. Zijn bevindingen gaf hij weer in grafieken. Het experiment leerde hem dat de lichaamstemperatuur dagelijks stijgt en daalt, met een maximum aan het einde van de middag en een minimum in de vroege ochtenduren.[23]

Het vermoeden dat het lichaam een eigen klok heeft werd door dit soort experimenten bevestigd. Maar hoe die ingebouwde klok zich verhoudt tot het dag-en-nachtritme van de kosmos, en waar de klok gelokaliseerd is, bleef een vraag. De chronobiologie, die in de jaren dertig van de twintigste eeuw ontstond, legde zich erop toe die vragen te beantwoorden.

In de jaren zestig besloten chronobiologen van het Max-Planck-Instituut het experiment dat De Mairan met een mimosaplant uitvoerde, te herhalen. Maar nu met mensen. Jürgen Aschoff, wetenschapper in hart en nieren, was de eerste die negen dagen doorbracht in een bunker die speciaal daarvoor in Andechs, een plaatsje in de buurt van München, was gebouwd. Tussen 1964 en 1989 lieten nog 474 vrijwilligers zich meerdere weken opsluiten in deze bunker. Elke vrijwilliger zat dag en nacht in het pikdonker, zonder anderen te ontmoeten, zonder iemand te spreken. Ze brachten de tijd wachtend en slapend door. En ja, hun dag-en-nachtritme bleek net als bij de mimosaplant door te blijven gaan in het donker. Anders dan De Mairan durfden de onderzoekers nu wel te concluderen dat de mens een eigen inwendige klok heeft.[24] Ook zonder licht bleef die klok doortikken. Alleen waar de inwendige klok zich bevond, bleef een raadsel.

Dat duurde tot begin jaren zeventig, toen twee Amerikaanse fysiologen, Friedrich Stephan en Irving Zucker, merkten dat ratten alle gevoel voor tijd kwijtraken als een piepklein gebiedje in de hersenen wordt uitgeschakeld. Het gewone slaap- en waakritme is van het ene op het andere moment verdwenen.[25] Het gebiedje waar het om gaat is de suprachiasmatische kern, een bonkje zenuwcellen dat in de hersenen boven de kruising van de oogzenuwen ligt. Al snel werd duidelijk dat dit de biologische klok is, en ook dat deze bij de mens in datzelfde gebiedje zit.

De eerdere veronderstelling dat de inwendige klok een zelfstandig mechaniek is omdat deze in het pikdonker door blijft tikken, werd echter genuanceerd. Het gebiedje waar de klok zetelt blijkt via de oogzenuw voortdurend informatie te ontvangen over het licht in de omgeving. De klok tikt door als het 100% donker is, maar zodra dat niet het geval is, past de klok zich langzaam aan een nieuwe situatie aan. We kennen dat als we een trans-Atlantische vlucht hebben gemaakt. De eerste dagen hebben we een jetlag omdat de biologische klok het bioritme van thuis aanhoudt, maar na enkele dagen begint de klok zich aan te passen. Na een week of twee loopt het hele lichaam weer keurig in het nieuwe ritme.

In de jaren zeventig werd nog iets bijzonders ontdekt: het bleek dat de biologische klok wordt aangestuurd door genen, stukjes DNA. Die ontdekking werd gedaan bij fruitvliegjes, een geliefde proefdiersoort onder biologen omdat ze zich razendsnel voortplanten. Twee biologen, Ronald Konopka en Seymour Benzer, slaagden erin de biologische klok van de vliegjes buiten werking te stellen door een stukje DNA, een gen, uit te schakelen. Ook de vleugels van de vliegjes trilden niet meer.[26] Zij zagen daar het bewijs in dat de biologische klok wordt aangestuurd door genen, door erfelijk materiaal. De genen die de biologische klok aansturen, werden 'klokgenen' genoemd.

Zo'n vijfentwintig jaar later worden die klokgenen ook bij zoogdieren, in dit geval bij muizen, geïdentificeerd.[27] En ook op andere locaties. Tot dat moment veronderstelden chronobiologen dat er alleen in de hersenen klokgenen zaten. Daar bevindt zich immers de suprachiasmatische kern die het lichaam aanstuurt. Kort nadat vastgesteld was dat ook mensen klokgenen hebben, werd echter ontdekt dat die genen ook elders in het lichaam aanwezig zijn.[28] Klokgenen zitten in vrijwel alle weefsels van het lichaam: in het hart, de longen, de lever, de spieren, de nieren en de zaadballen.[29]

Vandaag de dag presenteren chronobiologen het 'bioritme', of de 'biologische klok', als een complex ritmisch systeem dat bestaat uit een 'centrale klok' in de hersenen (de suprachiasmatische kern) en talloze 'perifere klokjes' elders in het lichaam. Met elkaar vormen de klokken een wijdvertakt netwerk, waarin ze zichzelf en elkaar voortdurend aan- en uitschakelen. Daardoor remmen en stimuleren ze afwisselend elkaars activiteiten.[30]

Via de centrale klok staan alle klokgenen in verbinding met de buitenwereld. Via de oogzenuw verneemt de centrale klok hoe het licht in de omgeving is. Hij geeft dat door aan de klokgenen elders in het lichaam. Die passen ter plekke het ritme van processen aan, zodat we, zo nodig, sneller ademhalen, verteren of zweten. Op hun beurt geven de klokgenen aan de centrale klok door hoe het er in het lichaam voorstaat. De centrale klok kan bijvoorbeeld aangeven dat het tijd is om te slapen, maar dan uit de lever het signaal krijgen dat er vanwege een vette hap nog even doorgewerkt moet worden. Kan het slapen uitgesteld? Dat verzoek wordt gewoonlijk ingewilligd, met als gevolg dat we minder goed slapen als we 's avonds zwaar getafeld hebben.

Het wonderlijke van dit ingenieuze systeem van centrale en perifere klokken is dat het weliswaar eigen aan het menselijk lichaam is, maar dat het systeem het lichaam tegelijkertijd te buiten gaat. De centrale klok is daarin de belangrijkste figuur. Deze zorgt onophoudelijk dat alle lichamelijke ritmes op elkaar én op de ritmes van de omgeving zijn afgestemd.[31] Die synchronisatie, maar ook de combinatie van stabiliteit en flexibiliteit, is cruciaal voor de overleving van mens en dier.

Het circadiaanse ritme

Wanneer werkgevers, scholen of journalisten nu over bioritmes spreken, bedoelen ze gewoonlijk niet alle bioritmes. De bioritmes van seizoenen, van de maan, het jaar of het hele leven worden meestal buiten beschouwing gelaten. De aandacht gaat naar het bioritme van dag en nacht, ook wel het 'circadiaanse ritme' genoemd.[32]

Het begrip 'circadian rhythm' werd in 1959 gemunt door de Roemeens-Amerikaanse chronobioloog Franz Halberg. Het begrip geeft aan dat het menselijk lichaam een biologisch ritme heeft van ongeveer (*circa*) een dag (*dia*).[33] Het circadiaanse ritme komt overeen met een dag van 24 uur, en is ontstaan in respons op de draaiing van de aarde om de eigen as. De miljarden jaren voortdurende invloed van het opkomen en ondergaan van de zon heeft ertoe geleid dat alle organismen, tot aan de meest primitieve, een circadiaans ritme hebben.

Het circadiaanse ritme zorgt ervoor dat lichamelijke processen door de dag heen worden aangepast aan de eisen die het leven stelt: in de loop van de avond worden onze hersenen minder actief zodat we in bed in slaap kunnen vallen, 's nachts werken onze nieren minder hard, zodat we niet steeds naar de wc hoeven, in de vroege ochtend stijgt de hartslag, waardoor we wakker worden en opstaan, en in de middag stijgt de spierspanning, waardoor we na een drukke werkdag met gemak een kind in zijn fietsstoeltje tillen of een stevige handdruk tijdens een receptie geven.

Niet elk mens heeft hetzelfde circadiaanse ritme. Bij de een is het ritme precies 24 uur, maar bij de ander kan het wat langer zijn. Daar hangt het verschil tussen avond- en ochtendmensen mee samen. Een ochtendmens heeft volgens de chronobiologie vaak een circadiaans ritme van tegen de 24 uur. Daardoor verlangt hij 's avonds op ongeveer hetzelfde uur naar zijn bed en is hij er 's ochtends weer op tijd uit. Een avondmens heeft een circadiaans ritme van rond de 25 uur, waardoor hij het liefst elke dag een uur later naar bed zou gaan dan de klok aangeeft.[34]

De variaties in het circadiaanse ritme hangen ook samen met de leeftijd. Pubers zijn veelal avondmensen omdat hun 'eigen' ritme gemiddeld langer dan 24 uur is. Maar naarmate mensen ouder worden, worden ze langzaam maar zeker ochtendmensen, omdat het 'eigen' circadiaanse ritme gemiddeld korter wordt.[35]

Het belang van kennis over bioritmes

Welk belang heeft het om te weten dat menselijke lichamen bioritmes hebben en dat die in reactie op de ritmes van de kosmos zijn ontstaan? Het is een vraag die niet wetenschappelijk is te beantwoorden, zo zette de Duitse socioloog Max Weber uiteen in een publiekslezing over 'Wetenschap als een roeping' die hij in 1917 aan de Universiteit van München hield.[36] Op de vraag wat het nut is van al die kennis, kan de wetenschapper hooguit zeggen dat deze wordt verworven omwille van de kennis zelf. Maar voor dat argument zijn geen wetenschappelijke bewijzen te leveren, meende Weber. De wetenschapper voelt zich geroepen om alles te ontdekken over de wereld, de mens en de kosmos, maar het wetenschappelijke bewijs dat die kennis van belang is ontbreekt.

Ook de hedendaagse chronobioloog, die alles wil weten over de ritmes van de kosmos en die van levende organismen, ontbreekt het aan een wetenschappelijk bewijs waarom die kennis relevant is. Maar omdat hij dat belang toch wil aantonen, haalt hij argumenten uit de moraal, de politiek en de economie. Weber noemt dat soort niet-wetenschappelijke bewijzen *betekenisvolle* argumenten. Het zijn argumenten die uitleggen wat het leven betekenis geeft. Chronobiologen geven met hun adviezen over leefritmes antwoorden op wat hij de 'allerlaatste vragen' van het menselijk leven noemt: Wat moeten we doen? Wat moet onze houding zijn? Hoe moeten we leven? Het zijn echter vragen die eerder thuishoren in de religie of de ethiek dan in de biologie, aldus Weber.

De chronobioloog zal alles in het werk stellen om ondanks zijn adviezen niet als een priester of ethicus te worden gezien, maar als een wetenschapper. Hij wil ons geen heilige of ideale kosmos tonen, maar een kosmos die van alle betovering is ontdaan. Er is wat hem betreft niets heiligs aan de ritmes van de aarde, de zon en de maan, noch aan de weerspiegeling van deze ritmes in het lichaam. De oude goddelijke ordening van de kosmos is in de chronobiologie gemetamorfoseerd in de profane kracht van bioritmes.

De chronobioloog tracht een niet-religieus en niet-moreel antwoord te geven op de allerlaatste vragen door vooral *helderheid* in de materie te verschaffen: hij legt slechts uit welke feiten, kennis of argumenten voor of tegen een bepaald standpunt spreken. Zijn advies wordt daar niet minder dwingend om. De kennis over hoe bioritmes werken en welk effect ze op de gezondheid en het prestatievermogen hebben, verplicht ons om er rekening mee te houden. Of, zoals Weber zegt: 'Als we de materie goed begrijpen, dan kunnen we een persoon dwingen, of tenminste helpen, om rekenschap af te leggen van de uiteindelijke betekenis van zijn handelen.'[37] Door inzicht te geven in het ontstaan, de werking en het belang van bioritmes wordt een niet-goddelijke kracht op ons uitgeoefend die dwingend voorschrijft hoe we moeten leven: Stel vast wat je eigen bioritme is en leef naar de regelmaat van dat ritme.[38]

Het advies dat het belangrijk is om naar bioritmes te leven mag dan niet wetenschappelijk te onderbouwen zijn, de kracht ervan op ons denken en ons gedrag is enorm. Dat komt niet alleen omdat chronobiologen morele, politieke en economische argumenten voor dit standpunt inbrengen, maar ook omdat het advies samenvalt met de aloude adviezen over leefritmes uit de alternatieve gezondheidszorg.

Alternatieve gezondheidsbewegingen en bioritmes

In 1969 vestigt zich op de Prins Hendrikkade in Amsterdam, ten zuiden van het Centraal Station, het meditatiecentrum De Kosmos. In het gebouw zijn een sauna, yoga-, meditatie- en dansruimtes, een boekhandel en een grote theeruimte waar macrobiotische koeken, spacecakes en vruchtendrankjes worden verkochten. Je hoeft niet spiritueel *angehaucht* te zijn om er binnen te mogen. Iedereen is welkom, zo lang je maar ontspannen, *relaxed*, bent. In de jaren zeventig groeit de Kosmos uit tot een van de grootste spirituele centra van Nederland.[39]

De Kosmos is exemplarisch voor de alternatieve, spirituele, oosterse wind die in die tijd onder jongeren in de westerse wereld waait. De reguliere geneeskunde baseert zich naar hun idee te veel op de natuurwetenschappen en heeft daardoor geen oog voor het vermogen om ziektes zelf het hoofd te bieden. Ze zoeken hun heil liever in holistische benaderingen van ziekte en gezondheid, in idealen van zelfontplooiing en in alternatieve geneeswijzen.[40] Alternatieve geneeswijzen als homeopathie, acupunctuur, antroposofische geneeskunde en medische astrologie bloeien als nooit te voren. Leven in harmonie met De Kosmos, de kosmische ritmes en wetten, wordt als de belangrijkste voorwaarde voor gezondheid beschouwd.

Karakteristiek voor de alternatieve, holistische gezondheidsopvatting is het geloof dat helende krachten alléén uit de natuur voortkomen. Gezondheid kan worden verbeterd door de harmonie met de eigen en omringende natuur te herstellen. Leven naar natuurlijke ritmes past daarbij, omdat men gelooft dat leven in harmonie met de ritmes van het eigen lichaam, met biologische en natuurlijke cycli, de seizoenen en de andere ritmes van de aarde en de kosmos heilzaam is.

Een van de meeste expliciete verwoordingen van dit standpunt is te vinden in het eind jaren tachtig verschenen boek *Time Wars* van de Amerikaanse socioloog en bestsellerauteur Jeremy Rifkin. Leven volgens de ritmes van het eigen lichaam en van het grotere geheel is volgens hem een belangrijke voorwaarde voor gezondheid. Waar de reguliere geneeskunde mensen vervreemdt van natuurlijke ritmes, ziet hij in de holistische geneeswijze mogelijkheden om het contact met natuurlijke en biologische ritmes te herstellen:

> Patiënten worden aangemoedigd zich te identificeren met hun eigen lichaamsritmes en mee te werken met het eigen herstellingsschema van het lichaam in plaats van dat tegen te werken. Het lichaam wordt niet geïsoleerd behandeld, maar meer als een integraal onderdeel van de wijdere omgeving waaraan het voortdurend ritmisch deelneemt.[41]

Rifkin verwacht dat de ecologische, holistische benadering van gezondheid de reguliere geneeskunde op den duur zal kunnen vervangen.

Ook in Nederland ontstaat vanaf eind jaren zestig een brede alternatieve gezondheidsbeweging: alternatieve gezondheidswinkels, patiëntenverenigingen, zelfhulpgroepen, experimenten met alternatieve psychotherapieën (re-birthing, co-counseling), alternatieve voedings- en geneeswijzen (macrobiotiek, bioritmes, reflexologie), vrouwengezondheidscentra etc.[42] Hoewel zeer divers worden deze initiatieven bijeengehouden door een gedeelde kritiek op de natuurwetenschappelijke, 'afhankelijk makende' geneeskunde en door een gedeeld geloof in de eigen verantwoordelijkheid en eigen helende krachten van de mens.

Het succes van de holistische gezondheidsopvatting laat zich volgens de Britse socioloog Colin Campbell verklaren door de desillusie over de 'koude', 'mechanische' en 'gevoelsarme' reguliere geneeskunde, maar vooral ook door de aandacht die er in de alternatieve geneeswijzen is voor de hele persoon en voor zijn of haar eigen helende krachten. Hij ziet in de voortdurende populariteit van de holistische gezondheidsbeweging tevens een bewijs voor het 'veroosteren' van het westen. De meerderheid van de alternatieve geneeswijzen vindt zijn oorsprong immers in de Indiase, Chinese of Japanse geneeskunde.

Ook de onderliggende filosofie van de gezondheidsbeweging verwijst naar een oosters geïnspireerde houding ten opzichte van de natuur: deze wordt niet als bron van ziektes gezien, maar juist als dat wat genezing biedt. Iemand wordt niet ziek omdat een virus of andere natuurlijke kracht het lichaam binnendringt, maar omdat hij niet goed is afgestemd op 'de natuurlijke *flow* van energieën', of niet in harmonie leeft met de natuurlijke ritmes in en om hem heen. De behandeling van ziektes bestaat ook niet uit het bestrijden van natuurlijke krachten, maar uit het meebewegen met of gebruik maken van de natuur.[43]

De theoretische achtergrondgedachte bij dit alles, zo stelt Campbell, is het geloof in een universele 'levenskracht' die de hele wereld, inclusief de mens, doordringt en die als 'rijk, mysterieus en complex' wordt beschouwd. De levenskracht zorgt dat alles met alles is verbonden: mensen zijn verbonden met de natuur in en buiten zichzelf, met andere mensen, met de wereld als geheel, maar vooral ook met de kosmos. Gezondheid vergt daarom niet alleen het achterhalen van de verborgen betekenis van het eigen leven, maar ook die van het heelal – reden waarom de astrologie bloeit als nooit tevoren.[44]

Het is opvallend dat de wantrouwige houding die de alternatieve gezondheidsbeweging in de jaren zeventig en tachtig tentoonspreidde ten opzichte van de reguliere geneeskunde, ontbreekt waar het de chronobiologie betreft. De wetenschappelijke ontdekkingen over de relatie tussen gezondheid, bioritmes en kosmische ritmes worden in bladen als *Psychologie Magazine* en *Happinez,* en op New Age websites zonder schroom omarmd. De antiwetenschappelijke houding van weleer heeft plaatsgemaakt voor een enthousiast gebruikmaken van de kennis die de chronobiologie aanreikt. Ook de technische apparaten, die op basis van chronobiologische inzichten zijn ontwikkeld, zoals de lichtwekker (een wekker die de natuurlijke zonsondergang en -opkomst nabootst, en zo een betere nachtrust belooft[45]) of de mobiele lichttherapie (een draagbaar lichtboek met de kracht van zonlicht, tegen winterdepressies) worden zonder omhaal aangeschaft of via spirituele webwinkels verkocht.[46]

Medici en biologen hebben op hun beurt hun scepsis over alternatieve geneeswijzen ingeruild voor een voorzichtige waardering van de 'eigen' natuur van mensen in samenhang met de omringende natuur. Die verschuiving richting natuur is niet los te zien van de veranderingen die de reguliere geneeskunde zelf de afgelopen decennia heeft ondergaan: wetenschappers en medici hebben minder autoriteit dan voorheen, patiëntenautonomie is een dominante waarde in de gezondheidszorg geworden, en het internet wordt vaker als de belangrijkste informatiebron over ziekte en gezondheid gebruikt.[47] Het gebruik van alternatieve geneeswijzen als acupunctuur, medicinale kruiden, massagetherapie, homeopathie en yoga heeft daardoor een hoge vlucht genomen. Wereldwijd gebruiken miljoenen mensen alternatieve geneeswijzen in de hoop te genezen van kanker, slapeloosheid, zenuwpijnen, depressie, hoofdpijn, overgangsklachten, onvruchtbaarheid en vele andere kwalen. Het gebruik is zo wijdverbreid dat de reguliere geneeskunde, maar ook overheden, nationale en internationale gezondheidsorganisaties en verzekeraars zich gedwongen hebben gezien te zoeken naar integraties tussen beide benaderingen.[48] Ook op het gebied van de chronobiologie beperken wetenschappers zich niet tot reguliere behandelingen, maar wordt gezocht naar integratie van alternatieve geneeswijzen, onder andere door onderzoek te verrichten naar de werking van alternatieve behandelingen als hypnose, yoga, lichttherapie en valeriaan op slaapstoornissen.[49]

Apollo en Dionysus

Het geloof dat het goed is om te leven volgens bioritmes is vandaag de dag wijdverbreid. Wetenschappers, aanhangers van alternatieve geneeswijzen, schooldirecteuren, werkgevers, sportartsen, journalisten en verkeersdeskundigen, allen weten ze zeker dat bioritmes bestaan, dat ze in onze genen zitten en dat het goed voor ons is om naar die ritmes te leven.

Maar hoe krachtig de coalitie van hogepriesters van de bioritmes ook is, en hoe zeer ze ook aansluiten bij de duizenden jaren oude waarheid dat leven naar kosmische ritmes goed is voor de mens, het zal ook deze keer niet lukken om de andere goden voor altijd te begraven. Mensen willen vaak meerdere goden dienen. We houden, om met de Duitse filosoof Friedrich Nietzsche te spreken, zowel van de goden van de regelmaat en de orde, als van de goden van de overmaat en de chaos. Het verlangen naar orde en regelmaat noemt hij het 'Apollinische', het verlangen naar chaos, exces en ongeregeldheid het 'Dionysische'.[50] Beide driften bestaan naast elkaar.

Dat zien we ook nu. Tegenover de Apollinische god van de regelmaat, die de chronobiologen en alternatieve geneeskunde uit de kast halen, staan de Dionysische goden van het ongeregelde leven. Ze verleiden ons om nachtenlang door te halen, op onregelmatige tijden te eten, te slapen of te werken, om dagenlang te feesten en met een minimale hoeveelheid slaap toe te komen. Ze lachen om de goden van de regelmaat. Te veel regelmaat is dodelijk, roepen ze, het maakt het leven oersaai.

"Vind ik leuk!"

Ritme en smartphones

'Vuurtje 's avonds, zwemmeer, vers brood 's ochtends, kamperen is leuk (jammer alleen dat er geen hotelbedden zijn) # rugpijn'. Oud-politica Femke Halsema twittert dagelijks, ook als ze op de camping zit.[1] Er is altijd wel iets wat bijzonder genoeg is om er de wereld kond van te doen. Haar twittersite toont een opeenstapeling van piepkleine momentjes uit haar bestaan. Er zit geen lijn of samenhangend verhaal in de stapel berichtjes, die nooit langer dan 140 tekens zijn. Je hinkt-stapt-springt als lezer van momentje naar momentje.

Tussen de regels door lees je dat het twitteren het ritme van Halsema's alledag soms in de weg zit. 'atn8. Welterusten!', schrijft ze op een avond. Om er vervolgens nog zeven tweets tegenaan te gooien. 'Zo. Dat was dat. Zie jullie wel weer. Welterusten' klinkt het gedecideerd in de derde tweet. De nacht roept. Maar toch volgen er nog vier berichten voordat het eindelijk stil wordt.[2]

Twitteren bestaat dankzij de smartphone, een mobiele telefoon met internettoegang, locatiebepaling en camera. In combinatie met sociale netwerksites als Twitter, Facebook, Hyves of LinkedIn stelt de smartphone de gebruiker in staat om elk moment van het bestaan onmiddellijk te delen met vrienden, familie, kennissen en onbekenden. Dat elkaar op de hoogte houden van wat ieder meemaakt heeft een sociaal bindend effect: in de digitale viering van bijzondere momenten delen gebruikers op nieuwe manieren het dagelijkse leven.

Nieuwe sociale media lijken daarin op de religie, die de gelovigen wist te binden in de gezamenlijke viering van bijzondere, onalledaagse momenten. Toch is er verschil. Want waar voorheen de priester of de kerk bepaalde wat sacrale en profane dagen waren, doen we dat nu zelf. Ieder voor zich, maar bedoeld voor allen. En we verwachten, zoals ook de priester dat verwachtte, dat iedereen die bijzondere dagen met ons deelt. Je vult je geboortedag in op sociale netwerksites en wordt overladen met verjaardagswensen. Je twittert naar welk feest je vanavond gaat en hoopt iedereen daar te treffen.

De nieuwe sociale media verbinden mensen niet alleen in de viering van bijzondere dagen of momenten, ze binden mensen ook aan afspraken. Vaak gebeurt dat door middel van berichtjes die in de software zijn geprogrammeerd. Tandarts, kapper en restauranthouder sturen vooraf een berichtje om de klant aan zijn of haar afspraak te herinneren. De digitale agenda op de smartphone meldt dat je over een uur in de bioscoop moet zijn. En via Facebook worden we eraan herinnerd om een verjaardagswens naar een neefje te sturen.

Maar naast de sociaal bindende functie hebben de nieuwe sociale media ook een ontregelende werking. Nieuwe sociale media zijn onbeperkt toegankelijk. De ritmische afwisseling tussen open en dicht, zoals we die bij kroegen, kerken en andere ontmoetingsplaatsen kennen, bestaat niet op het internet. Iedereen kan op elk moment bij iedereen aankloppen. Ongelimiteerde toegankelijkheid gaat gepaard aan ongelimiteerde beschikbaarheid. We staan als het ware altijd 'aan'. Sociale media verleiden ons om onophoudelijk berichten te schrijven of te lezen. 'Vrienden' wijzen ons bij voortduring op bijzondere momenten in hun leven. En we zijn beleefd genoeg om daarop te reageren. Een druk op de knop is genoeg: 'Vind ik leuk!'.

Religie bood eeuwenlang rust door uit de reeks aan gewone dagen periodiek heilige rust- of feestdagen te lichten. Nieuwe sociale media doen het omgekeerde: ze maken alle dagen tot bijzondere dagen. Er gaat geen dag voorbij of er is een feestje, een verjaardag, een presentatie, een ziekte, een sterfgeval of iets anders bijzonders dat met iedereen 'gevierd' moet worden. De periodieke afwisseling van gewone en bijzondere dagen maakt plaats voor een ongelimiteerde stroom aan berichten over bijzondere momenten. In die stroom ontbreekt afwisseling. Er zit weinig ritmiek in.

Dat ontbreken van rust wordt versterkt door de opkomst van de 24-uurseconomie, waarin uiteindelijk alles op elk moment van de dag, de week en het jaar kan worden gedaan.

Wat de impact van de aritmie van nieuwe sociale media zal zijn, is niet goed te overzien. Sombere voorspellingen zijn dat we op de lange duur apathisch zullen worden van de overdaad aan bijzondere momenten die om aandacht schreeuwen. Zo meent de Noorse antropoloog Thomas Hylland Eriksen dat de nieuwe sociale media tot symptomen leiden die variëren van 'fundamentalisme (vrijwillige uitsluiting van de oneindige complexiteit van de wereld) tot extreem opportunisme of burn-outs in het werk'.[3] Hij vreest, en velen met hem,[4] dat we op termijn geen rust meer zullen vinden en ons vermogen tot contemplatie zullen verliezen.

Een nog ander, relatief nieuw geluid is dat nieuwe sociale media ons bioritme verstoren omdat er geen echte momenten van rust, en dus van herstel, meer zijn.[5]

Dat ritmes van nieuwe sociale media kunnen wringen met bestaande sociale ritmes lijdt geen twijfel. En dat het bijzondere zijn waarde verliest als elk moment van ieder mens bijzonder zou moeten zijn, spreekt ook voor zich. Toch hoeft dat nog geen reden te zijn om terughoudend te zijn ten aanzien van nieuwe sociale media. Het kan ook dat die ontregeling tijdelijk is. Elk nieuw apparaat en elke nieuwe sociale praktijk, of het nu om de afwasmachine, de muziekinstallatie of de televisie gaat, heeft invloed op de ritmiek van alledag. Dat begint er al mee dat elk apparaat een eigen manier heeft om tijd, ruimte en energie met elkaar te verbinden. Zo heeft de wasmachine het overbodig gemaakt om de was op zondagavond in het kokende sop te zetten. Maandag wasdag is daardoor verleden tijd. De muziekinstallatie heeft ervoor gezorgd dat we dag en nacht in de eigen huiskamer een concert kunnen beluisteren. Voor goede muziek hoef je niet meer de deur uit. Maar veel kwaad heeft dat niet gedaan. De ritmes van de apparaten waarmee we leven gaan meestal redelijk goed samen.

Maar soms kunnen ze elkaar wel in de weg zitten: zo bleek het ritme van de mobiele telefoon niet te combineren met het ritme van autorijden. Met de handsfree mobiele telefoon lijkt dat probleem althans ten dele te zijn ondervangen.

Ritmes van apparaten kunnen ook anders botsen met de ritmes van dagelijkse bezigheden. Het ritme van het in- en uitchecken met de OV-chipkaart gaat nog steeds niet goed samen met de concentratie die nodig is om in en uit de trein of bus te stappen, met als gevolg dat velen vergeten uit te checken.

Gewoonlijk kost het enige tijd voordat nieuwe apparaten hun weg vinden in het dagelijkse bestaan. In het traject dat loopt van onderzoek, ontwikkeling, naar op de markt komen en algemeen gebruik, wordt het apparaat geleidelijk aangepast aan de omgeving waarin het wordt gebruikt. Andersom past die omgeving zich ook aan het nieuwe apparaat aan. De Rotterdamse filosoof Valerie Frissen vergelijkt dit proces met het temmen van een onaangepast hondje uit het asiel:

> Het moet zich leren aanpassen aan wat er in jouw huis gebeurt en leren luisteren naar de verschillende mensen die in dat huis wonen.
>
> Maar dat hondje wordt ook een huisgenoot, met wie de anderen moeten leren omgaan en die een aantal eigenschappen heeft die behoorlijk dwingend kunnen zijn. Uiteindelijk heb je dan niet alleen een braaf, en zindelijk hondje, maar ook een huishouden dat anders is dan voorheen. Ongeveer op dezelfde manier moet ook technologie gedomesticeerd worden.'[6]

Als het apparaat aan het einde van het traject 'getemd' of 'gedomesticeerd' is, is het een normaal onderdeel van het bestaan geworden. Eerdere waarschuwingen voor het apparaat hebben dan iets lachwekkends. Zo klinkt de waarschuwing in de jaren zestig dat de muziekinstallatie – de bandrecorder, radio, draaitafel, cassetterecorder en versterker – tot een devaluatie en ontheiliging van de muziek zouden leiden, ons nu wat overdreven in de oren.[7]

De ontregelende werking die nieuwe sociale media op de ritmiek van het alledaagse bestaan heeft, zal een tijdelijk verschijnsel zijn. Nu al zien we een proces van domesticatie optreden waarin gebruikers zich de nieuwe media en apparaten toe-eigenen en geleidelijk inpassen in de bestaande ritmes van alledag. 'Oude' media, die dat proces van domesticatie eerder al ondergingen, dragen in belangrijke mate bij aan dat in stand houden van de ritmes die het alledaagse leven vaste structuur geven. Ze waken als 'oude honden' over de ritmiek van ons bestaan.

Ritmes van 'oude' media en apparaten

Een van de bekendste voorbeelden van een 'oude' technologie die ritme aan het dagelijkse bestaan geeft, is de thermostaat. Eenmaal geprogrammeerd zorgt de thermostaat ervoor dat we door de koude op tijd naar bed gaan en door de warmte er weer op tijd uit zijn.

Dat dag-en-nachtritme kan tegenwoordig worden versterkt door lichtontwerpen. Door de dag heen verandert het licht dan van kleur en intensiteit. 's Ochtends is het licht fel, koel en blauw, 's avonds is het zacht, warm en roodachtig.[8]

Daarnaast hebben we wekkers in soorten en maten, die op een door ons ingesteld uur met geluid of muziek laten weten dat het tijd is om op te staan. Zo disciplineren thermostaat, wekker en lichtontwerpen ons tot een regelmatig dag- en nachtritme. De regie over die discipline hebben we zelf in handen: we kunnen zelf besluiten óf we de thermostaat, wekker en het licht instellen en hoe we dat doen. Maar vaak genoeg geven we die regie voor langere tijd uit handen.

Voorbeelden van huishoudelijke apparaten die het dagelijkse leefritme aanmerkelijk hebben beïnvloed zijn de wasmachine, de afwasmachine, het koffiezetapparaat, de mixer, de broodmachine en andere keukenapparatuur. Maandag wasdag mag dan verleden tijd zijn, dat weerhoudt de gemiddelde man of vrouw er niet van om op vaste tijdstippen in de week, liefst in het weekend, te wassen.[9] Het beperkte volume van de wastrommel dwingt ons om minstens één maal per week te wassen.

De afwasmachine disciplineert ons om meerdere keren per dag pannen, servies en bestek in of uit de machine te halen. Gewoonlijk wordt de machine in de loop van de avond aangezet om deze voor het naar bed gaan of na het opstaan uit te ruimen. Omdat het merendeel van de mensen in Nederland nog altijd tussen 18 en 19 uur eet,[10] valt te verwachten dat het tijdstip van aanzetten ergens tussen 19 en 24 uur ligt. Ook hier geldt dat we in beginsel zelf kunnen kiezen wat het ritme van in- en uitruimen is, maar dat de beperkingen van het apparaat en het servies ons dwingen om met een zekere regelmaat de afwas te doen.

En dan zijn er kooktoestellen, magnetrons, ovens en allerlei andere keukenapparatuur die helpen om binnen een half of heel uur een maaltijd op tafel te hebben. De eenvoudige ritmiek van een vuurtje en een ketel heeft plaatsgemaakt voor een complexe ritmiek waarin we meerdere gerechten tegelijk binnen de kortste keren kunnen bereiden en warm op kunnen dienen.

Wat media betreft is de televisie nog altijd een van de belangrijkste ritmeaangevers. 98% van de Nederlanders heeft een televisie, en gemiddeld kijken we zo'n 3 uur per dag.[11] Op dagelijks niveau plooien televisie-uitzendingen zich om de gemiddelde slaaptijden (23.00-07.00 uur) en de gemiddelde werktijden (9.00-18.00 uur).[12] De hoogste kijkdichtheid is tussen half tien en tien uur 's avonds. Vooral de zondagavond heeft veel kijkers. Een extreem populair programma's als *Boer zoekt vrouw* wordt daarom op zondagavond na het eveneens goed bekeken achtuurjournaal geprogrammeerd.[13]

Individuele kijkers hebben nauwelijks zeggenschap over de timing van televisieprogramma's. Ingezonden brieven kunnen soms invloed hebben op het tijdstip waarop Sesamstraat wordt uitgezonden, maar veel verder dan dat reikt de inbreng van de kijker op het ritme van televisieprogramma's niet.

De keuzevrijheid om een programma op een ander moment via uitzendinggemist.nl te bekijken is er in principe wel, maar de sensatie van het hier en nu iets op tv zien ontbreekt dan. Uitgesteld kijken binnen zes dagen na de uitzending werd in 2010 door slechts 2,1% van de kijkers gedaan.[14] Wellicht dat dit aantal groter wordt door het gebruik van nieuwssites via internet of YouTube.

Ook toestellen die ons vervoeren, zoals auto's en treinen hebben een ritmegevende functie, omdat ze ons bij herhaling binnen een bepaald tijdsbestek over een bepaalde afstand vervoeren. We gaan vroeg de deur uit om de file te vermijden. We wachten tot na de ochtendspits om met korting met de trein te reizen. De reistijd zelf gebruiken we behalve om te reizen voor terugkerende handelingen, als het luisteren naar muziek, het stiften van de lippen, het lezen van een nota, of om de gedachten de vrije loop te laten. Hoewel we geen regie hebben over treinreistijden, noch over files, kunnen we wel besluiten óf, hoe en wanneer we gebruik maken van de reismogelijkheden die er zijn.

In dit geheel is de klok, in tegenstelling tot wat vaak gedacht wordt, geen ritmeaangever. De klok geeft weliswaar de tijd aan, maar die kloktijd wordt pas een ritme als er een terugkerende bezigheid of betekenis aan wordt gekoppeld. Elke ochtend om half acht opstaan is een ritme. Toch komt dat ritme niet uit de kloktijd voort, maar uit de herhaling. Ook zonder klok worden we elke dag wakker, voeren we onze taken uit en gaan we weer naar bed. De klok zelf heeft, anders dan bijvoorbeeld de thermostaat, geen dwingende ritmiek. Pas als anderen of wijzelf hebben besloten dat er op een bepaald uur iets gedaan moet worden, legt de kloktijd een dwingend ritme op.

De optelsom aan ritmes van de vele 'oude' media, toestellen en apparaten die we dagelijks of wekelijks gebruiken draagt bij aan het *achtergrondritme* van het alledaagse bestaan. Ze vormen de ritmische randvoorwaarden waarbinnen het dagelijkse leven zich voltrekt. Gemiddeld genomen bestaat dat achtergrondritme uit werkdagen waarop we achtereenvolgens opstaan, ontbijten, ons verplaatsen, verplichtingen nakomen (werk, school, zorg etc.), lunchen, wederom verplichtingen nakomen, ons verplaatsen, boodschappen doen, koken, de avondmaaltijd nuttigen, huishoudelijk werk verrichten, vrije tijd hebben (televisie, computer, sport of cultuur) en naar bed gaan. Werkdagen worden afgewisseld met vrije dagen met een vergelijkbaar ritme maar dan zonder werk of school. Het feit dat de één een ochtendmens is en de ander een avondmens doet aan het achtergrondritme weinig af. Het moment waarop het ritme aanvangt kan eerder of later zijn, maar het ritme zelf verandert er niet door.

Het achtergrondritme dat de oude media en apparaten met elkaar vormen hebben een gunstig effect op de 'bioritmes'. De apparaten brengen ritme, rust en regelmaat in het inslapen en ontwaken, in de gezamenlijke maaltijden, in het huishouden, in het werken of leren, in de persoonlijke verzorging en het relationele leven.

Hoe saai dit alles ook mag klinken, de meeste van ons zijn dik tevreden met het achtergrondritme dat via 'oude' media en apparaten wordt aangereikt. De ritmes passen bij hoe we graag leven, ze helpen om tot een dagelijks ritme te komen waarin zaken als slapen, eten, zich verplaatsen, huishouden en vrije tijd elkaar niet dwarsbomen. Rust en activiteit worden bovendien op een prettige manier afgewisseld. Tot voor kort zorgden deze achtergrondritmes ervoor dat we niet voortdurend hoefden te overleggen over wie wanneer kan eten, vergaderen of sporten. En bovendien gaven de dagelijkse ritmes een gevoel van continuïteit: het leven gaat door, hoeveel mensen en dingen er ook voorbijgaan.

Ritmes van nieuwe media en apparaten

Maar hoe stabiel is dat achtergrondritme? Past zo'n achtergrondritme nog wel in een samenleving waarin individuele keuzevrijheid hoog in het vaandel staat? Moeten we de nieuwe media en apparaten niet eerder als een bevrijding zien van de achtergrondritmiek in plaats van als een bedreiging? We leven in een tijdperk van smartphones, computers, internet, mobiele telefoons, Ipads, e-mails, pings, tweets, smsjes, blogs, *apps*, spelcomputers, sociale netwerksites, internetbankieren, internetwinkels en interactieve online encyclopedieën als Wikipedia.

Wat deze media en apparaten met elkaar gemeen hebben is dat ze 24/7, dat wil zeggen 24 uur per dag, 7 dagen per week, 52 weken per jaar, kunnen worden gebruikt. Nieuwe media vormen via satellieten een digitaal netwerk dat de hele globe omvat. Op vrijwel alle plekken op de aardbol kunnen mensen onophoudelijk op het internet terecht voor informatie en communicatie.

De samenleving die in dit netwerk aan contacten bestaat, wordt de '24/7- netwerksamenleving' genoemd, een digitale, geglobaliseerde samenleving waar alles altijd 'aan' staat. Het bestaan van de 24/7-netwerksamenleving wordt mogelijk gemaakt door de combinatie van enerzijds de wenteling van de aarde, waardoor het overal op een ander tijdstip nacht is, en anderzijds de ontwikkeling van het globale digitale netwerk. Het gevolg is dat zelfs als iedereen alleen bij daglicht het internet gebruikt, er altijd iemand online is.

Evolutionair gezien is dat een nieuwe situatie. Naast de *ongelijke* lokale dag-en-nachtritmes, die per tijdszone verschillen, is er een *gelijktijdigheid* ontstaan die ons in het moment zelf verbindt met anderen zonder dat het uitmaakt waar ze zich op aarde bevinden.

Om te begrijpen wat die gelijktijdigheid inhoudt heeft de socioloog Manuel Castells in zijn studies naar de netwerksamenleving het paradoxale idee van een 'tijdloze tijd' voorgesteld.[15] De lokale context, met zijn voor die plek specifieke dag-en-nachtritme en werkritmes, speelt in de netwerksamenleving geen rol. De klok aan de muur is betekenisloos zodra we het internet op gaan.

De tijd is in de 24/7-netwerksamenleving ook tijdloos omdat er geen vanzelfsprekende chronologie is. Wat eerder, nu of later is loopt door elkaar. Wanneer we 's ochtends de smartphone uit de sluimerstand halen kunnen we de berichtjes die 's nachts zijn binnengekomen in verschillende volgorde lezen: van onder naar boven (in volgorde van binnenkomst), van boven naar beneden (de laatste als eerste), in volgorde van belangrijkheid of in willekeurige volgorde.

Het verdwijnen van een vanzelfsprekende chronologie zien we ook op het internet. Zoekmachines als Google of Yahoo zetten na het intikken van zoektermen berichten uit heel diverse tijdsperiodes naast elkaar. Iemand kan al lang vertrokken zijn bij een werkgever, maar op het internet lijkt het of hij daar nog altijd werkt.

Chronologie is ook ver te zoeken op YouTube. Veel filmpjes wekken de suggestie dat de optredens, hoe kort of lang ook geleden, op dit moment plaatsvinden. Zangers blijven daardoor eeuwig jong. Ook na hun dood. Door het ontbreken van chronologie versterken nieuwe sociale media de ervaring dat alles in het hier en nu gelijktijdig aanwezig is en zal blijven.

Een gevolg van de tijdloze tijd is dat lokale ritmes minder belangrijk worden. Waarom vasthouden aan lokale werk-, schoolof slaapritmes als al die zaken op willekeurig welk tijdstip kunnen worden gedaan? 'Collega's voor dag en nacht' kopt *NRC Handelsblad* boven een stuk over de recente werkcultuur aan de Zuidas van Amsterdam. In de advocatuur, mediabedrijven en het advieswerk is het steeds normaler om ook 's avonds en in het weekend bereikbaar te zijn. Privé en werk zijn verstrengeld geraakt. Het werken houdt thuis niet op. En bij het werk krijg je er gratis een sociaal leven bij: 'Tegenover lange uren staat voor onder anderen advocaten en adviseurs een rijk aanbod aan verstrooiing. Zeilregatta's, pokertoernooien en hardloopwedstrijden. Kerstdiners, zomerfeesten en kantoorcabaret. De BlackBerry blijft ondertussen aan.'[16]

Internet en mobiele telefonie hebben weinig boodschap aan vaste ritmes. Ze maken het in toenemende mate mogelijk om flexibel en efficiënt te werken. Werken kan altijd en overal. Dat biedt veel voordelen: werkende ouders kunnen één of meer dagen per week thuis werken en tegelijkertijd voor de kinderen zorgen; werknemers zijn onderweg bereikbaar en kunnen in de file of de trein hun digitale post afhandelen; thuiswerken is goed voor het milieu; en het bevordert bij de werknemers het gevoel controle te hebben over de tijd.

De flexibiliteit heeft ook nadelen. Onder het motto 'Wat kan, dat moet!', kan overal en altijd werken tot norm worden verheven: het wordt normaal dat werknemers altijd klaar staan en zich flexibel en efficiënt plooien naar de eisen van de baas of collega's. We zien nu al dat doorwerken tot in de vroege avond en de lunch overslaan steeds gebruikelijker wordt.[17] De eis tot flexibiliteit beperkt zich niet tot de werksfeer, ook het thuisfront eist flexibiliteit. Hoeveel mensen vragen niet per mobiel aan hun partner om, als ze toch langs de winkel rijden, nog even dit of dat mee te nemen? En hoe vaak gebeurt het niet dat de avondmaaltijd wordt verschoven, omdat een van de gezinsleden via zijn smartphone wordt bericht dat hij wat eerder dan afgesproken ergens aanwezig moet zijn?

De door sociale media geïnduceerde flexibiliteit sluit aan bij een bredere trend tot flexibilisering, tot het flexibel maken van werktijden, schooltijden en openingstijden van winkels en publieke instellingen. Flexibilisering en de ruimte om zelf te bepalen wanneer je wat doet, zijn de toverwoorden van de hedendaagse economie. Vaste werk- en schooltijden en vaste vrije dagen of dagdelen moeten wijken voor een tijdsordening waarin alles op elk moment kan worden gedaan. De vrijheid van het individu om zelf te beslissen wanneer hij wat doet wordt daardoor vergroot. Die vrijheid stelt hem echter voor de zware taak om los van conventies en gezamenlijke ritmes een eigen leefritme te ontwerpen.

Dat is des te moeilijker omdat er geen limiet meer is aan hoeveel er kan worden gedaan. 'Het is weekend' is binnen de advocatuur, maar ook binnen veel andere beroepsgroepen, geen argument om niet te werken. Het weigeren van *last-minute* klussen wordt sociaal onacceptabeler wanneer winkels en kinderopvang tot laat open blijven en het minder gewoon is om de avondmaaltijd gezamenlijk op een vast tijdstip te nuttigen.

Informatie- en communicatietechnologieën maken het bovendien mogelijk steeds meer in steeds minder tijd te doen. Snellere computers hebben de afgelopen decennia gezorgd voor versnellingen op het gebied van transport, dataopslag, berekeningen, productieprocessen, communicatie en informatieoverdracht. Deze technische versnellingen gaan gepaard met sociale versnellingen: reorganisaties in de arbeidssfeer of in het onderwijs volgen elkaar in hoog tempo op; mensen wisselen sneller van baan; elektronische post wordt sneller beantwoord dan papieren post; zzp'ers voelen zich gedwongen stante pede te reageren op opdrachten; en uit angst klanten te verliezen trachten dienstverlenende bedrijven steeds sneller te reageren op vragen en klachten van klanten.[18]

De versnelling van het sociale leven wordt ook gestimuleerd door de mogelijkheden tot multitasken die nieuwe sociale media bieden: ze stellen ons in staat om meerdere dingen tegelijk te doen. De hedendaagse smartphone heeft applicaties die de gebruiker in staat stelt om vrijwel gelijktijdig zijn e-mail te lezen, over het internet te surfen, berichten via *Whatsapp* te versturen, games te spelen en intussen naar een tenniswedstrijd te kijken of muziek te luisteren. Op die manier kan hij veel meer dan 24 uur per dag bezig zijn.[19]

Sociale wetenschappers Robert Hassan en Ronald Purser, beiden gespecialiseerd in media en tijd, spreken in een analyse van de 24/7-netwerksamenleving over het ontstaan van een 'geaccelereerde temporele ecologie'. Het toenemende massale gebruik van nieuwe sociale media creëert een ervaring van tijd die nog wel gebaseerd is op kloktijd, maar dan op een kloktijd die enorm gecomprimeerd is. Er is een atoomklok nodig om de snelheid van hedendaagse computers te kunnen bijhouden, oftewel een klok die nanoseconden (een miljardste van een seconde) en picoseconden (een biljoenste van een seconde) meet. Gevolg van die tijdscompressie is dat de tijd in de 24/7-netwerksamenleving explodeert in ontelbaar veel tijdsdeeltjes, in even zoveel tijdsdeeltjes als er gebruikers van smartphones, internet en mobiele telefoons zijn.[20] Elke gebruiker leeft in zijn eigen versplinterde tijdsdeeltje waarin hij of zij even de tijdloze tijd met een ander deelt. De ritmische randvoorwaarden die het dagelijkse leven structuur en continuïteit geven, zijn in deze versplinterde tijd afwezig.

Zo kun je over Femke Halsema zeggen dat ze met elke tweet even in verbinding staat met de tijdloze stroom aan berichtjes die als een deken over de aarde ligt. 'Present!' roept ze van moment tot moment. De tweets zijn losse fragmentjes waarin ze simuleert aanwezig te zijn zonder werkelijk *act de presence* te geven. Het 'Present!' simuleert aanwezigheid, maar vergt geen echte 'presence', geen tastbare aanwezigheid. Met haar presentmelding voegt ze zich op willekeurige, discontinue momenten in de tijdloze gelijktijdigheid van de 24/7-netwerksamenleving.

'Present!' lijkt daarmee los te staan van, en tot op zekere hoogte haaks te staan op de achtergrondritmiek die via oude media en apparaten in stand wordt gehouden.

De vaststelling dat media een onophoudelijke stroom aan berichten om de aarde legt, is niet nieuw. Henri Lefebvre constateert dat al in zijn analyse van oude media als radio en televisie. 'Kun je je die stroom voorstellen die de globe bedekt, en zelfs de oceanen en woestijnen omvat?', vraagt hij zich af. 'Puur door een moderne televisie of radio te hebben, kun je beelden zien en/of horen en boodschappen ontvangen die van ver – van voorbij bergen en zeeën – komen, een knop indrukken of aan de knop draaien is genoeg.'[21] Ook het onderscheid tussen *present* en *presence*, dat vaker wordt gebruikt in analyses van de nieuwe sociale media,[22] treffen we al bij hem aan.

In een betoog, waarin echo's van zijn neomarxistische achtergrond resoneren, stelt hij dat radio en televisie het alledaagse 'present' stellen. Ze maken het alledaagse tot object, tot ruilwaar, tot iets wat *daar* present is – en niet hier aanwezig. Wie je in het alledaagse leven bent wordt vervangen door een product. Dat product omvat een gesimuleerde werkelijkheid, die als een 'waar' kan worden aangeboden en geruild.

Lefebvre wijst met een vermanend vingertje naar de producenten van de media als hij het over het verdwijnen van de presentie (de echte aanwezigheid) heeft. Door het alledaagse in de media ritmisch present te stellen wissen zij de ritmes van de tastbare en onmiddellijke aanwezigheid uit. De producenten weten maar al te goed hoe ze ritmes moeten gebruiken:

> De output (ritme) verandert naar intentie en naar het uur. Levendig, lichtvoetig, om je te informeren en je te vermaken als je je klaarmaakt voor het werk: de ochtend. Zacht en gevoelig bij terugkeer van het werk, wanneer je je ontspant, in de avond en op zondag. Zonder vertoon, maar met een zekere kracht buiten de piekuren, voor mensen die niet werken of niet meer werken. Zo ontvouwt de mediadag zich polyritmisch.[23]

In Lefebvres ogen domesticeert niet de gebruiker de radio en televisie, maar temt de producent de kijker of luisteraar. In de tijd dat televisie en radio een beperkt aantal zenders hadden was dat wellicht een terechte constatering. Maar nu het aanbod zeer divers is, zenders concurreren om kijkcijfers en de kijker of luisteraar de keuze heeft om in plaats van televisie andere media te gebruiken om zich te vermaken, is het evenzeer de gebruiker die de ritmes van de mediadag bepaalt als de producent.

Maar Lefebvres onderscheid tussen present-zijn en presence lijkt zo op het eerste gezicht nog wel van toepassing. Het present-zijn in tweets of op sociale netwerksites is niet zoveel anders dan het al langer bestaande present-zijn op radio of televisie. Present-zijn kan zowel in oude als nieuwe media een vervreemdend effect hebben. Dat komt omdat het present-zijn in de media een aanwezigheid simuleert en deze simulatie vervolgens in de gewone, alledaagse werkelijkheid wordt gebracht. Als Halsema twittert dat ze rugpijn heeft, is de verleiding groot haar een opbeurend berichtje te sturen: 'Kop op, meid, en fijn dat het zo leuk op de camping is'. Maar als we haar in werkelijkheid tegenkomen, weten we niet zeker of ze toen en toen wel echt op de camping zat. En het is enigszins gênant om naar haar rug te vragen.

De gedachte dat er twee werelden zijn, één waar we ons present melden en één waar we werkelijk aanwezig zijn, suggereert dat die werelden elkaar bedreigen en dat ze helder te onderscheiden zijn. Het is alsof we bang zijn om als een Alice in Wonderland te verdwijnen in de nieuwe wereld van smartphones en sociale netwerksites. Die angst klinkt door in de analyse die socioloog Ben Agger maakt van de relatie tussen smartphones en tijdservaring: 'Mijn zoon mist iedere verankering, met uitzondering van zijn *sixties* ouders die hem structuur geven en hem ook dwingen vrij te zijn!' Hij vertelt dat zijn zoon een BlackBerry heeft, net als Obama. Maar anders dan Obama staat Aggers zoon niet met één voet in de gewone wereld, waarin nog structuur heerst. Agger vreest dat zijn zoon zal opgroeien 'zonder ooit grenzen te hebben gekend tussen privé/publiek, op-en-af-tijd en werk/vrije tijd'. Het enige antwoord daarop, zo meent Agger, is om als opvoeders kinderen te leren dat er een hele wereld aan tijd buiten de wereld van de nieuwe sociale media bestaat.[24]

De opvatting dat er twee werelden zijn, wordt ingegeven door het idee dat het nieuwe vreemd of oneigenlijk is. Die opvatting kan daarom slechts zo lang bestaan als dat nieuwe media, technieken of apparaten als vreemd of onalledaags worden ervaren, als media die van een andere wereld komen. Televisie, geluidsapparatuur en radio zijn zozeer onderdeel van het alledaagse bestaan geworden dat we deze nauwelijks nog als vreemd of oneigenlijk ervaren. Ze horen bij onze leefwereld en passen bij wie we zijn.

Maar ook bij de nieuwe sociale media zien we een proces optreden waarin deze media langzaam maar zeker tot iets gewoons, tot iets van de 'werkelijke' wereld, worden gemaakt. Ze worden, net als het hondje van Frissen, langzaam maar zeker getemd. Die domesticatie is geen eenrichtingsverkeer, maar een wederkerig proces tussen oude en nieuwe ritmes. De belangrijkste actoren in dit domesticatieproces zijn de gebruikers en de ontwerpers. Gebruikers proberen al experimenterend om oude en nieuwe ritmes slim met elkaar samen te laten gaan. En de ontwerpers zoeken creatieve oplossingen om de nieuwe media aan te passen aan de wensen en behoeften van de gebruikers.

Minder wild

Nieuwe sociale media hebben veel weg van Dionysische goden die ons opzetten tegen de Apollinische goden van de regelmaat. Ze tonen ons het plezier van een ongeregeld leven, waarin we eten, drinken, slapen, werken en feesten wanneer we zin hebben, en ons niet hoeven te bekommeren om vaste dag-en-nachtritmes, school- of werkritmes.

Hoe erg is het om de goden van het ongeregelde leven te vereren? Dat hangt af van wat we als individu of cultuur betekenis- of waardevol vinden.

Als 'gezondheid' of 'veiligheid' hoog op het verlanglijstje staan, lijkt het verstandiger om de regelmaat te dienen. Een ongeregeld leven verstoord het bioritme, en dat leidt tot gezondheids- en veiligheidsrisico's. Als 'consumptie' bovenaan staat, winnen de goden van het ongeregelde leven. Een voorbeeld daarvan is het voorstel van burgemeester Eberhard van der Laan om tien horecagelegenheden in Amsterdam 24 uur per dag open te houden. Door de openingstijden te verruimen hoopt hij een impuls te geven aan het uitgaansleven.[25] Dat is goed voor de horeca en het toerisme, maar, gezien de huidige kennis over bioritmes, gevaarlijk voor de gezondheid en verkeersveiligheid van jongeren.

Als 'plezier' nummer één staat, maken beide goden kans vereerd te worden: een geregeld en een ongeregeld leven kunnen beide plezier geven. Periodes van regelmatig leven kunnen worden afgewisseld met periodes van ongeregeldheid, zoals het carnaval al eeuwenlang de regelmaat van het werkende bestaan doorbreekt.

Ook als 'tijd' bovenaan staat, is de strijd tussen de Apollinische regelmaat en de Dionysische ongeregeldheid onbeslist: de een werkt beter in een vaste regelmaat, de ander juist niet. Als een 'sociaal leven' bovenaan staat, lijkt de regelmaat van gezamenlijke maaltijden, sportactiviteiten, rustdagen, verjaardagen of feestdagen het voorlopig nog te winnen van het ongeregeld steeds maar weer afspraken met elkaar moeten maken. Maar of dat zo blijft is de vraag, vooral omdat we via de smartphone van moment tot moment kunnen nagaan waar onze vrienden zijn.

In de domesticatie van nieuwe sociale media zijn betekenisgeving en waardetoekenning van doorslaggevend belang voor zowel gebruikers als ontwerpers. Plezier, gezondheid, veiligheid, consumptie, tijd, en het hebben van een sociaal leven tellen allemaal mee in de toe-eigening en aanpassing van nieuwe sociale media. Gebruikers en ontwerpers zoeken manieren om aan die waarden tegemoet te komen, door bijvoorbeeld applicaties en software te ontwerpen respectievelijk te gebruiken die de gezondheid bevorderen, zoals een app die bijhoudt hoe laat je naar bed gaat en opstaat, zodat je in één oogopslag kunt zien wanneer je bioritme in gevaar komt, software die computergebruikers eraan herinnert om regelmatig pauze te nemen, en hen waarschuwt hoeveel uur zij die dag achter de PC hebben gezeten of fitness- en hardloopsoftware die op de Ipod wordt gedownload en tijdens het sporten instructies geeft.[26] Gebruikers verhogen het plezier van reizen en maken het tot een moment van ontspanning door via de smartphone naar gepersonaliseerde webradiozenders, podcasts of muziekbestanden te luisteren, per sms wat met vrienden te kletsen, wat op het internet te surfen of met vrienden of familie te bellen.[27] Minder dan een kwart van de reizigers voelt zich geroepen om voor de baas te werken.

In de domesticatie van nieuwe sociale media zijn er meer voorbeelden waaruit blijkt dat deze juist gebruikt worden om de aloude afwisseling tussen rust en activiteit, tussen werk en ontspanning, tussen het alledaagse en onalledaagse te ondersteunen. Zoals oude media als radio en televisie de bestaande achtergrondritmes weliswaar veranderden maar tegelijkertijd op een plezierige manier ondersteunen, zo zien we vandaag de dag hoe de ontregelende krachten van de nieuwe sociale media langzaam maar zeker worden getemd en ingepast in de bestaande ritmes.[28]

Onlangs vertelde mijn zoon, die behoort tot de generatie die opgroeide met digitale media, dat het pas na zijn middelbare school tot hem doordrong dat niet iedereen vijf dagen per week op school of werk zat. Het ritme van door de week vroeg opstaan en op tijd naar bed gaan was zo gewoon, dat het niet in hem was opgekomen dat mensen ook een ander leefritme zouden kunnen hebben. De ritmes van nieuwe sociale media blijken ook voor nieuwe generaties jongeren een druppel op de gloeiende plaat vergeleken met de ritmes van school, werk en slapen waarin ze zo'n achttien jaar worden geharnast. Die ritmes zijn nog altijd zwaar verankerd, zowel in de cultuur als in het lichaam. Want hoe fanatiek mensen ook twitteren, lichaam en cultuur stellen harde grenzen aan wanneer en hoe vaak je het doet. Wie permanent 'aan' is wordt doodmoe of is de enige binnen de kring van vrienden die online is.

Zelfs een fervent twitteraar als Femke Halsema gunt zichzelf en haar meer dan 100.000 volgers 's nachts rust. En wat zo prettig is, die periodieke hapering in de stroom aan berichten geeft de eerste tweet in de ochtend vanzelf iets bijzonders, iets waar je met spanning op zit te wachten.

Ongehoorde mengsels

Ritme en lichamelijkheid

Maar dat een heel fijn weefspoeltje de hemel, de industrie, de teksten, de zielen en de morele normen met elkaar heeft verweven, dát blijft griezelig, ongepast en ongehoord.

Bruno Latour

Het is 17 graden en windstil in Mexico-stad als de 33-jarige wielrenster Leontien van Moorsel de hoogst gelegen wielerbaan ter wereld betreedt. Vandaag, 1 oktober 2003, zal ze een aanval doen op het werelduurrecord. Dat is tot nu toe in handen van de Française Jeannie Longo, die in december 2000 op dezelfde baan een afstand van 45 kilometer en 94 meter in één uur reed.

Twee jaar geleden deed Van Moorsel op de wielerbaan van Manchester ook al een poging om haar rivale de titel te ontnemen. Toen moest de drievoudig Olympisch kampioene in Longo haar meerdere erkennen. Vandaag, na een intensieve trainingsperiode, gehuld in een wielerpak waar de fabrikant anderhalf jaar op studeerde en met een fiets die in windtunnels is getest, zal ze bewijzen dat zij, en niet Longo, de snelste uurrijdster ter wereld is.

Het rijden van het werelduurrecord heeft het voordeel dat de wielrenster zelf mag bepalen wanneer ze de race rijdt. Van Moorsel heeft ervoor gekozen om het tijdens haar menstruatie te doen. 'Ongesteld op weg naar het werelduurrecord' kopt *de Volkskrant* drie dagen voor de race. Tijdens eerdere wedstrijden heeft Van

Moorsel ervaren dat haar pijngrens het hoogst is op de derde dag van de menstruatie. Dat is de dag in haar cyclus waarop ze vleugels krijgt, waardoor ze 'boven zichzelf kan uitstijgen'.[1]

Kort voor de wedstrijd lijkt het alsnog mis te gaan. De kampioene komt tijdens de *warming up* ten val. Maar na enkele opbeurende woorden van echtgenoot Michael Zijlstra, weet Van Moorsel haar zelfvertrouwen te herstellen. Ze gaat hard van start. Dat werkt goed: tien minuten na aanvang ligt ze vóór op het schema van Longo. In de resterende tijd wordt die voorsprong alleen maar groter. Als het uur voorbij is, blijkt Van Moorsel 971 meter meer te hebben gereden dan Longo. Ze brengt het werelduurrecord daarmee op 46 kilometer en 65 meter.[2]

Met de timing van dit wereldrecord weerlegt Van Moorsel de veel gehoorde waarheid dat vrouwen minder presteren als ze ongesteld zijn. Van Moorsel presteert juist beter. Is menstruatie niet een vorm van doping?, vragen sommige commentatoren zich na haar prestatie af.[3] Hun vraag zet het bekende onderscheid tussen natuur en cultuur op zijn kop. De menstruatie wordt dan gezien als iets dat door de mens kan worden ingebracht in plaats van als een natuurlijke gebeurtenis. Alsof zo iets natuurlijks als de vrouwelijke ongesteldheid vergeleken kan worden met zoiets kunstmatigs als doping.

Maar zijn de ritmes van het lichaam wel zo natuurlijk? Heeft Van Moorsel inderdaad naar haar 'natuur' geluisterd toen ze het ritme van haar cyclus gebruikte om door alle pijngrenzen heen het werelduurrecord op haar naam te zetten?

Sommige schrijvers over tijd zouden ons niets liever doen geloven dan dat we het gezondste leven en het beste presteren als we luisteren naar de natuurlijke ritmes van het lichaam. Ze zijn ervan overtuigd dat klokken, kalenders en computergestuurde technologieën de natuurlijke ritmes van het lichaam opslokken. Daardoor zouden we van onszelf vervreemden. De kunstmatige ritmes van de cultuur staan, zo stellen zij, lijnrecht tegenover de organische ritmes van het lichaam.[4] Als je aan hen zou vragen wat ze van Van Moorsels tijdskeuze vinden, zouden ze waarschijnlijk antwoorden dat de wielrenster alert op de ritmes van haar lichaam heeft gereageerd.

Het beeld, dat deze schrijvers van de natuur geven, is romantisch. Alsof we van de natuur niets dan goeds te verwachten hebben en alsof klokken en kalenders de grote vijanden van het lichaam en de natuur zijn. De scherpe tegenstelling die ze schetsen tussen natuur en cultuur is karikaturaal. Want in de alledaagse werkelijkheid is het onderscheid tussen het 'natuurlijke' en het 'kunstmatige' niet zo scherp als deze denkers voorgeven.

Natuur en cultuur zijn niet twee tegengestelde domeinen, maar twee entiteiten die in elkaar overvloeien en elkaar veranderen. Zo veranderen culturele ritmes natuurlijke ritmes, sterker nog, ze veranderen zelfs wat we onder natuur verstaan. We spreken over 'natuurgebieden', ook al zijn die door mensen aangelegd, over een 'natuurlijke' bevalling omdat die thuis plaatsvindt, en we ervaren doofheid, scheve tanden en dementie als 'onnatuurlijk'. De menstruatiecyclus, die toch bij uitstek bekend staat als een natuurlijk ritme, verandert onder invloed van wat vrouwen met hun lichaam *doen*. De enorme fysieke inspanningen die topsportsters moeten verrichten om in vorm te blijven, leiden bij velen tot het stilvallen van de menstruatie. Wanneer de menstruatie, zoals in het geval van Van Moorsel, met doping wordt vergeleken, dan wordt de menstruatie niet als een natuurlijk, maar als een cultureel, door mensen te regisseren verschijnsel gezien.

Op hun beurt veranderen ritmes die we als natuurlijk beschouwen de cultuur: zo zou je de ritmiek van het trappenlopen puur cultureel bepaald kunnen noemen. Maar dan vergeten we dat de hoogte van de traptrede, en daarmee de ritmiek, voortgekomen is uit de ritmiek waarmee een gemiddeld mens een berg beklimt. Is de ritmiek van trappenlopen daarmee een natuurlijk verschijnsel? Of toch cultureel? Heeft het lichaam zich aangepast aan de trap, of heeft de trap zich aangepast aan het lichaam? Vervreemdt de trap ons van onszelf omdat deze het natuurlijke ritme van het lichaam opslokt? Of is de trap juist een medium dat ons dagelijks herinnert aan de oertijd waarin we blootsvoets over bergen en door dalen liepen?

Het 'purificeren' van natuur en cultuur – ze zuiver van elkaar maken – is een onmogelijke onderneming, stelt wetenschapsantropoloog Bruno Latour. Hij geeft een groot aantal empirische voorbeelden om te laten zien dat er een veelheid aan mengvormen (*hybriden*) bestaat tussen natuur en cultuur, tussen dat wat door mensen is gemaakt en dat wat niet door mensen is gemaakt. We worden naar zijn zeggen 'overspoeld door diepgevroren embryo's, expertsystemen ... hybride maïs ... walvissen met zendertjes, genensynthesizers, kijkcijferanalyseapparaten'.[5] Hoe zeer we ook pogen om natuur en cultuur strikt van elkaar te scheiden, het aantal hybriden blijft zich in een razend tempo vermenigvuldigen.

En toch kunnen we de begrippen 'natuurlijk', 'biologisch' en 'cultureel' niet helemaal achter ons laten, althans als we iets willen begrijpen van de verhouding tussen de vele ritmes die in, om en door het lichaam werken. Welke ritmes zijn door de mens tot stand gebracht, en welke niet? Hoe stabiel zijn die ritmes? Hoe veranderlijk? Aan welke ritmes hechten we? Welke mengsels zijn mogelijk tussen biologische en sociale ritmes? Hoe kunnen we de verschillende lichamelijke ritmes zo mengen dat we ons energiek, evenwichtig en gezond genoeg voelen om die dingen te kunnen doen die we graag doen?

Maar laten we, om te beginnen, onderzoeken welke lichamelijke ritmes er zijn.

De bioloog

Wanneer je een bioloog of bewegingswetenschapper naar de ritmes van het menselijk lichaam vraagt, zal hij al snel over het *circadiaanse ritme* beginnen. Dat is, zoals gezegd, het ritme van ongeveer (*circa*) een dag (*dia*), dat resoneert in elk menselijk lichaam, in elk orgaan, elk weefsel en elke molecuul. Eenmaal enthousiast zal hij ook spreken over de maan- en seizoensritmes van het lichaam, en over de meerjaren- en levensritmes. De meeste aandacht zal echter uit gaan naar het circadiaanse ritme, het ritme van dag en nacht dat maakt dat het menselijk lichaam dag in dag uit een vast patroon aan veranderingen doorloopt.

De ritmes van het lichaam, zo zal de bioloog vertellen, zijn vele miljoenen jaren geleden ontstaan onder invloed van de bewegingen van de aarde en de maan. Ons waak- en slaapritme bijvoorbeeld volgt nog altijd de draaiing van de aarde om haar eigen as: de rotatie die zorgt dat het in een vast tempo licht en weer donker wordt. Het lichaam weet precies op welk moment van de dag en de nacht het moet zorgen dat de nieren, het hart, de lever, de spieren of de hersenencellen meer of minder actief moeten zijn.

De vrouwelijke menstruatiecyclus is ook zo ontstaan. Deze volgt nog altijd de cyclus van de maan. En onze vruchtbaarheid, afweer tegen ziektes, gevoeligheid voor kanker, lichaamsgewicht, lichaamstemperatuur en verteringspatroon schommelen met de beweging van de aarde om de zon: in het ene seizoen hebben we meer kans op borstkanker, hart- en vaatziekten, luchtwegaandoeningen, seksueel overdraagbare ziektes, sterfte en depressies dan in het andere.[6] En in het ene seizoen hebben we meer zin in seks en worden meer kinderen verwekt dan in het andere.

Maar is het tijdstip waarop kinderen worden verwekt, niet juist een culturele aangelegenheid, iets waar mensen zelf over beslissen? Zoveel invloed kunnen de seizoenen toch niet hebben nu mensen merendeels in de stad wonen, en er het hele jaar warmte en kunstlicht is? De statistieken weerleggen dat idee: nog altijd worden de meeste kinderen in de late zomer geboren. Hoezeer de hedendaagse, ver van de natuur levende mens ook hecht aan zijn keuzevrijheid, zeker waar het de voortplanting betreft, tegen sommige kriebels is hij, of zij, weerloos.

Hoeveel moeite het kost te geloven dat biologische ritmes ons voortplantingsgedrag sturen, blijkt uit een gebeurtenis uit de jaren zestig die Kenneth Jon Rose in het boek *The Body in Time* beschrijft. Op 9 november 1965 wordt de stad New York getroffen door een van de grootste elektriciteitsuitvallen uit haar geschiedenis. Alle licht valt uit, de stad hult zich in duisternis.

Negen maanden later rapporteren artsen in *The New York Times* dat er meer kinderen worden geboren dan normaal. De verklaring voor de geboortegolf ligt voor de hand: door de stroomuitval waren de New Yorkers die bewuste nacht vroeg onder de wol gekropen, en ja, dan weet je wel wat ervan komt. Hoe plausibel die verklaring vanuit sociologisch perspectief ook klonk, na enkele jaren bleek dat deze onjuist was. Wanneer demograaf Richard Udry de geboortecijfers van 1965 statistisch vergelijkt met die van andere jaren merkt hij op dat het aantal geboortes in New York City altijd piekt in augustus. New Yorkers vrijen in de late herfst meer dan in de zomer of de winter.[7] Zijn analyse komt overeen met andere studies, waaruit eveneens blijkt dat kinderen vooral laat in het jaar worden verwekt.[8] Maar in een tijd waarin kinderen als een keuze worden gezien, is het moeilijk voor te stellen dat die keuze seizoensgebonden is.

Behalve door de ritmische draaiingen van de aarde en de maan wordt het menselijke lichaam ook beïnvloed door 10- tot 11-jarige zonnecycli waarin de zon een verhoogde activiteit heeft en er meer kosmische straling in de ruimte en op aarde is. Die ritmisch verhoogde straling heeft gevolgen voor de gezondheid en daarmee voor de levensduur: mensen die in een piek van een zonnecyclus worden geboren leven gemiddeld anderhalf jaar korter dan mensen die buiten zo'n piek ter wereld komen.[9] Ook andere kosmische cycli hebben invloed op de menselijke fysiologie, maar daarover is nog veel onbekend.

Tot slot zal de bioloog ons erop wijzen dat het leven als geheel een ritmiek kent, die zich in elke nieuwe generatie herhaalt: die van de geboorte, groei, optimum, aftakeling en dood. Die lichamelijke ritmiek drukt ons met de neus op de eindigheid van het individuele bestaan: we zijn een korte tijd jong, slechts enkele decennia vruchtbaar, lichamelijk zijn we al voor de helft van ons leven over onze top, intellectueel wordt het na het vijftigste jaar minder, en dood gaan we allemaal. We weren ons tegen die beperkingen en eindigheden, maar we ontkomen er niet aan om ons ten slotte over te geven.

Vanuit de menselijke evolutie gezien zijn al deze lichamelijke ritmes ontstaan en blijven bestaan omdat ze functioneel waren. Ze zorgden ervoor dat we als soort in een bepaalde omgeving konden overleven. Ritmes van hart, zaadballen, darmen, ogen en hersenen zijn optimaal afgestemd op het ritme van dag en nacht, van de maan en de seizoenen. Bovendien zijn de vele ritmes van het lichaam in de lange evolutie waarin ze zijn ontstaan, ook optimaal op elkaar afgestemd geraakt.

De verbazing over het wonder van die complexe afstemming is vooral groot als we de ontwikkeling van de foetus in de baarmoeder volgen: de baarmoederwand is klaar voor ontvangst wanneer de bevruchte eicel arriveert, na een maand begint het dan aangelegde hartje te kloppen waarna de hersenen zich vormen, handen en voeten ontspruiten, een gezichtje komt tevoorschijn met een neusje, ogen, lippen en oren, na de tweede maand heeft het embryo tenen en handen – die zich dankzij de ritmiek van dit proces precies op het goede moment van de embryogenese ontwikkelen –, in de daarop volgende maanden wordt stap voor stap het hele organisme ontplooid om na negen maanden in een proces, waarin alles om de juiste timing draait, geboren te worden. Alleen al het duizelingwekkende moment waarop bij de geboorte de bloedcirculatie van de pasgeborene zich aanpast aan de buitenwereld, geeft aan hoe complex de organisatie van de ritmes van het menselijk lichaam is.

Een componist die dit gelaagde ontwikkelingsproces vol schakeringen, kettingreacties, momenten van perfecte timing en improvisaties in een partituur zou willen weergeven, zal zich tot het uiterste moeten inspannen om dat voor elkaar te krijgen. En dan nog is het de vraag of het hem zal lukken om de polyritmiek en harmonie van het zich in de baarmoeder ontplooiende organisme in noten te vangen.

De aanleg voor die vrijwel perfecte harmonie die bestaat tussen de diverse lichamelijke ritmes, is in de loop van de evolutie in ons erfelijk materiaal terechtgekomen. Deze wordt daarom van moeder op kind overgedragen. De ritmes van ons lichaam, en de afstemming van al die ritmes op elkaar, zitten, letterlijk, in onze genen.

Maar als de lichamelijke ritmes in onze genen zitten, dan zitten we toch vast aan die ritmes? We zullen dan toch moeten accepteren dat de ritmes van slapen, waken, eten, plassen, verteren, menstruatie, vruchtbaarheid en bevalling evolutionair gezien 'harde' biologische feiten zijn geworden die we niet zomaar kunnen veranderen? Nee, dat is maar de helft van het verhaal.

De socioloog

Wanneer je een socioloog, antropoloog of pedagoog naar de ritmes van het menselijk lichaam vraagt, zullen ze je vertellen dat het menselijk lichaam van jongs af aan in een bepaald ritme wordt getraind. Het kind is nog maar net geboren, of het wordt al in een schema geperst waarin het niet vaker dan eens in de drie uur de borst of de fles krijgt en 's nachts doorslaapt. Korte slaapjes overdag horen er in het begin nog bij, maar tegen het vierde jaar, wanneer het kind zich moet voegen naar het ritme van de basisschool, is dat afgelopen.

Het kind wordt in de eerste levensjaren ook geleerd dat er voor alles een tijd is: een tijd om op te staan, een tijd om naar de opvang te gaan, een tijd om op de po te zitten, een tijd om buiten te spelen, een tijd om naar huis te gaan, een tijd om Sesamstraat te kijken, een tijd om te eten, een tijd om tanden te poetsen, en een tijd om naar bed te gaan.

Het lichaam van het kind wordt gedresseerd, het wordt aangepast aan de sociale ritmes die de samenleving, het gezin of de school leefbaar maken. Geen ouder kan het immers opbrengen om nachtenlang met een kind op te zitten, en van de meester of juf mogen we niet verwachten dat ze goed les kunnen geven wanneer ouders hun kinderen niet hebben geleerd dat er een tijd voor spelen en een tijd voor leren is.

Ons lichaam raakt in dit leerproces zo gewend aan de sociale ritmiek dat deze lichaamseigen wordt. We krijgen spontaan honger op de uren dat we geleerd hebben te eten, de stoelgang komt spontaan op gang op het tijdstip waarop we geleerd hebben ons te ontlasten, we worden spontaan moe omdat het lichaam gewend is om op redelijk vaste tijden te gaan slapen, en we krijgen spontaan trek in koffie op het tijdstip waarop het lichaam gewend is een dosis cafeïne toegediend te krijgen.

Sociale gewoontes zijn hier doorslaggevend voor de ritmiek van het lichaam, maar omdat we die gewoontes letterlijk hebben ingelijfd ervaren we de ritmes van honger, dorst, slapen, waken en stoelgang als eigen aan ons lichaam. Hoewel ze het product zijn van sociale disciplinering komen ze ons voor als authentiek en natuurlijk. 'In het alledaagse leven doet dat wat betrekking heeft op sociale relaties zich dus aan elk "subject" voor als noodzakelijk en absoluut, als essentieel en authentiek', schrijven Lefebvre en Régulier.[10]

De ritmes die we ons gedurende ons leven, maar vooral in de kindertijd, eigen maken, zijn daarom in het ene opzicht wat het meest persoonlijk is, maar in ander opzicht wat het meest extern, of het meest sociaal is. Zelfs als we weten dat vrijwel iedereen rond 11 uur 's avonds zijn tanden poetst, heeft elk van ons het gevoel dat hij hoogst persoonlijk in zijn eentje voor de spiegel zijn tanden staat te poetsen.

Socioloog Norbert Elias laat zien dat het aanleren van sociale ritmes in de kindertijd onderdeel is van een langdurig civilisatieproces waarin de kennis en normen die eerdere generaties hebben ontwikkeld dwingend worden opgelegd aan volgende generaties. Kinderen die in de huidige technologische samenlevingen opgroeien, leren dat je altijd tenminste ongeveer moet weten hoe laat het is en wat je op dat tijdstip hoort te doen. Hun tijdsbewustzijn is zo alomvattend en dwangmatig, aldus Elias, dat zij zich bijna niet kunnen voorstellen dat de ritmes waarnaar ze leven niet van alle tijden zijn.[11] We vinden het volstrekt vanzelfsprekend om een wekker te gebruiken om op tijd op school of op het werk te komen, om een agenda te gebruiken om afspraken te maken en om onze plas op te houden tot we een wc of ander privaat plekje hebben gevonden. We vinden het zo 'natuurlijk' dat een goede nachtrust bestaat uit een aaneengesloten rustperiode van liefst zeven tot acht uur, dat we ons bijna niet kunnen voorstellen dat er tijden zijn geweest waarin mensen 's nachts tussen hun 'eerste' en 'tweede slaap' opstonden, een uurtje wat anders deden om vervolgens weer verder te slapen.[13]

De sociale ritmes, die we ons in dit civilisatieproces eigen gemaakt hebben, zijn we als een tweede natuur gaan ervaren, ook al zijn ze geen deel van de menselijke natuur. Ze behoren tot wat Elias noemt 'de sociale habitus die een kenmerk is van de individualiteit van ieder menselijk wezen'.[13] We kiezen als individu hoe laat we de wekker zetten, maar die individualiteit is onderdeel van een sociale disciplinering waarin we geleerd hebben dat we op tijd op het werk of school moeten zijn. Die disciplinering omvat ook een onderwerping van het lichaam: het lichaam moet gehoorzamen aan de sociale ritmes die in de loop van de menselijke geschiedenis tot stand zijn gekomen. Wanneer we die sociale habitus eenmaal verworven hebben, vergeten we dat die is aangeleerd, dat wil zeggen sociaal verworven is. En omdat we zijn gaan geloven dat de aangeleerde ritmes tot onze natuurlijke uitrusting behoren, kunnen deze ritmes even dwingend en onontkoombaar zijn als genetisch bepaalde lichamelijke ritmes.

Een voorbeeld van hoe dwingend aangeleerde ritmes kunnen zijn, en juist daarom zo eigen, vertrouwd en vanzelfsprekend, staat in Mario Vargas Llosa's roman *Lof van de stiefmoeder*. De held van het verhaal, don Rigoberto, trekt zich iedere avond op hetzelfde uur terug in zijn badkamer. Hij schept er behagen in om zich in alle rust te wijden aan één deel van zijn lichaam. Op maandag zijn dat de handen; op dinsdag de voeten; op woensdag de oren; op donderdag de neus; op vrijdag de haren; op zaterdag de ogen en op zondag de huid. Tijdens zijn avondtoilet ontdoet hij zich ook met volle overgave van zijn ontlasting.

Vargas Llosa beschrijft don Rigoberto's verlangen om de ritmes van zijn lichaam te leren kennen, te koesteren en in te toom houden – de onstuitbare groei van haren, eelt en nagels, de dagelijkse drang om te schijten, de onomkeerbare veroudering – als een streven naar ethische en esthetische perfectie:

> De ijzeren wil de ondankbare luimen van zijn lichaam te temmen, door het te dwingen binnen zekere ethische normen te blijven en bepaalde grenzen niet te overschrijden, grenzen die door zijn soevereine smaak (...) waren vastgesteld middels een aantal uitroei-, snoei-, spoel-, wrijf-, polijst- en afvoertechnieken die hij had leren beheersen zoals een vakbekwaam vakman zijn vak beheerst, die ijzeren wil isoleerde hem van de rest van de mensen en gaf hem het wonderlijke gevoel (...) buiten de tijd te zijn getreden. Meer nog dan een gevoel: een fysieke zekerheid.[14]

Don Rigoberto's sociale habitus is, om met Elias te spreken, tot in de puntjes geperfectioneerd, en juist daardoor heeft hij het gevoel dat deze habitus, als de hoogste vorm van beschaving en meesterschap, zijn individualiteit uitmaakt. Die individualiteit onderscheidt, ja verheft hem boven andere mensen – die op hun beurt waarschijnlijk menen dat zij boven de rest staan wanneer zij hun lichaam onderwerpen aan door mensen uitgedachte ritmes.

Maar als sociale ritmes even dwingend zijn als biologische ritmes, dan is er ook in sociologisch (of cultureel) opzicht maar weinig ruimte om daar verandering in aan te brengen. Wie als een kind de aangeleerde ritmes weigert, wie in een vlaag van verdwazing nachtenlang wakker blijft, wie niet kan ophouden met eten of anorectisch wordt, wie verteerd door verliefdheid alle tijd vergeet, die treedt binnen in een andere werkelijkheid, een andere alledaagsheid, aldus Lefebvre en Régulier.[15] Erg lang volhouden kunnen we die onalledaagsheid niet: ons geweten, ons verstand en onze redelijkheid zullen ons binnen de kortste keren tot de orde roepen. En anders zijn het wel de werkgever, schoolleiding, vrienden of familie die ons terug in het gareel brengen.

Het lijkt er dus op dat ook de socioloog ons voorhoudt dat we aangeleerde lichamelijke ritmes van slapen en waken, eten en drinken, vertering en uitscheiding zullen moeten nemen voor wat ze zijn. Ook sociale ritmes zijn een harde werkelijkheid waar we noch als individu noch als generatie grote veranderingen in kunnen aanbrengen. Maar ook dat is maar de helft van het verhaal.

Een fijn weefspoeltje

Biologen houden zich gewoonlijk verre van de sociologie. Andersom is dat niet veel anders. Maar als het over ritmes gaat, is die koudwatervrees voor elkaars vakgebied niet goed vol te houden. Al was het alleen maar omdat de lichamelijke ritmes die samenhangen met de bewegingen van de maan en aarde grote overeenkomst vertonen met de lichamelijke ritmes die we onszelf hebben aangeleerd. Hoe valt het te verklaren dat het lichamelijke dag-en-nachtritme of de seizoensgebonden geboorte van kinderen door de ene discipline aan de bewegingen in de kosmos worden toegeschreven en door de andere discipline aan sociale gewoontes? En is het niet verbazingwekkend dat beide disciplines tot vrijwel dezelfde leefstijladviezen komen? Dat wil zeggen: zes tot acht uur slaap per nacht, overdag actief en 's nachts rust, op vaste tijden naar bed, op vaste tijden opstaan, en met vaste regelmaat eten, drinken, bewegen en naar de wc.

Een enkel voorbeeld volstaat om te laten zien hoe lastig, of zelfs onmogelijk, het is om vast te stellen of een lichamelijk ritme zijn oorsprong in de natuur of in de samenleving heeft. Vorig jaar zomer bezocht ik West-Cornwall, een indrukwekkend wandelgebied aan het uiterst westelijke puntje van Engeland. De tocht eindigde in de badplaats St. Ives, die sinds lang een kunstenaarskolonie is. Midden in het stadje staat de Parish Church. Daar hoorden we op een zondagavond een Cornish mannenkoor.

De eerlijkheid gebiedt te zeggen dat we wat lacherig de kerk betraden, een mannenkoor op zondag dat kon niet veel zijn. We namen plaats aan het uiteinde van een kerkbank om zo nodig stilletjes weg te kunnen lopen. Voor in de kerk stonden twintig mannen, in de leeftijd van zestig tot vijfentachtig, allen gekleed in donkerblauwe pakken. Vanaf de zijbeuk kwam een frêle, oude dame in zwart pak met rode sjaal aanlopen. Ze nam plaats in de kerkbanken die parallel aan de zijbeuken stonden. Na een korte introductie door de lokale pastoor stapte de oude vrouw naar voren. Ze hief haar armen op en gaf met een kort gebaar aan dat de heren konden beginnen. Ineens vulde de kerk zich met wonderschone klanken. De mannen zongen over hoe ze jong waren en verliefd achter de meisjes aanliepen. Ze zongen over de zee, over hoge golven, de storm, de zachte regen, de zon en opnieuw over hun liefde voor de vrouwen.

Een magere, gebogen man, die meer dood dan levend leek, stapte uit de rij om alleen een lied te zingen. Zijn stem was diep en vibrerend, het geluid weerklonk tot diep in ons binnenste. Even leek het of de zee zelf onze ziel binnenstroomde.

Cornwall, zo hoorden we achteraf, is beroemd om zijn koren. De meeste plaatsen in de kuststreek hebben een eigen koor, en er zijn jaarlijks competities tussen de verschillende lokale koren.

Kinderen maken van jongs af aan deel uit van deze muzikale traditie. Historici verbinden de eeuwenoude geschiedenis van het Cornish lied met het roeien: de visvangst op zee was eeuwenlang een belangrijke bron van inkomsten in deze streek. De ritmes van de liederen zouden gebruikt worden om de vissersboot op snelheid te houden en te zorgen dat de roeiers hun riemen gelijkmatig door het water haalden.

Dat brengt ons terug op het onderscheid tussen sociale en natuurlijke ritmes: hoe de ritmes van de Cornish liederen te interpreteren? Ligt de oorsprong ervan in de werk- en roeicondities of in de specifieke natuurlijke omstandigheden?

Als we een sociologisch perspectief kiezen, dan zou de verklaring voor het ritme van de liederen te vinden zijn in de roeiboot: de materiële omstandigheden waaronder de vissers werkten bepaalden de ritmische bewegingen van het lichaam, en daarmee het ritme waarin ze zongen. De socioloog zal het ritme van de roeiboot interpreteren als een ritme dat van buitenaf kwam, een door mensen bedacht ritme dat aan de armen, de benen, de rug, de spieren, de ademhaling en het hart van de vissers werd opgelegd. Dat door de roeiboot opgelegde ritme, zo zal hij zeggen, kon zowel een prettige als een vervreemdende ervaring oproepen, afhankelijk van of de opgelegde ritmes al dan niet goed samengingen met de natuurlijke of biologische ritmes van het lichaam.[16]

Als we een biologisch perspectief kiezen dan zal de verklaring voor het ritme waarin de mannen de liederen zongen gevonden worden in de natuurlijke ritmes van het lichaam, van de zee, van het weer, van de zon en de maan. Het zijn dan de ritmes van de golven en de ritmes van de mannenlichamen die de grootte van de boot, de plaatsing van de banken, de positie van de riemen, en daarmee het ritme van het roeien, bepaalden. Wanneer de verschillende ritmes met elkaar in harmonie zijn, dan geeft dat een gevoel van schoonheid en welbehagen dat tot uitdrukking komt in het ritme van de liederen.[17]

Hoe verklaren we dat een en hetzelfde verschijnsel door de een als onderdeel van de natuur en door de ander als onderdeel van sociale disciplinering kan worden geïnterpreteerd?[18] Zou het ook mogelijk zijn om voorbij de grenzen van het natuurlijke en het maatschappelijke te denken? Kan het zijn dat wat het Cornish lied betreft beide perspectieven waar zijn, dat ze elkaar aanvullen, en dat de twee helften van het verhaal uiteindelijk één geheel vormen?

De liederen die uit de kelen van de oude mannen opklinken, kunnen we in navolging van Latour opvatten als een hybride: het is een mengsel van natuurlijke en aangeleerde ritmes, van ritmes die niet en wel door mensen zijn bedacht. Enerzijds zijn de ritmes van het zingen te sociaal en aangeleerd om echt natuurlijk te zijn, maar anderzijds zijn ze ook te veel afgestemd op natuurlijke verschijnselen om echt sociaal te zijn.[19] In het ritme van het lied vindt een ontmoeting plaats tussen het door de mens bedachte ritme van de roeiboot en het natuurlijke ritme van de golven en van het lichaam.

Laten we dat punt, waar natuur en cultuur elkaar ontmoeten, als vertrekpunt nemen om verschijnselen te verklaren, zo stelt Latour voor.[20] De verklaring van het gezongen ritme vindt dan niet plaats vanuit de uitersten – waar natuur en cultuur tegenover elkaar staan; maar vanuit het midden – waar natuur en cultuur elkaar ontmoeten – naar de uitersten.

Vertrekpunt is dan dat lichamelijke ritmes voortvloeien uit zowel natuurlijke als maatschappelijke omstandigheden. Als we de ritmes van het menselijk lichaam willen begrijpen, moeten we op zoek gaan naar waar de mengsels ontstaan die, vaak pas veel later, deel uit gaan maken van de natuur of de maatschappij.[21] De eerste mens kende immers geen taal waarin hij over natuur of cultuur kon spreken. En toch kende ook zijn lichaam ritmes die hem geschikt maakten om in de natuur te overleven en hem in staat stelden zich aan te passen aan de ritmiek van de natuur en van andere mensen. Pas achteraf kunnen we zeggen dat bepaalde lichamelijke ritmes vooral uit de natuur zijn voortgekomen en andere uit de aanpassing aan sociale omgevingen. Maar in veel gevallen zal dat niet lukken omdat sociale ritmes en natuurlijke ritmes in elkaars verlengde zijn ontstaan.

De studie naar de achtergrond van hedendaagse lichamelijke ritmes laat daarom een mengelmoes aan biologische, technologische, maatschappelijke, morele en economische elementen zien, die vaak ook nog uit verschillende historische tijden afkomstig zijn. Of zoals Latour zegt:

> Enkele van mijn genen zijn 500 miljoen jaar oud, andere 3 miljoen, weer andere 100.000, en mijn gewoonten zijn tussen een paar dagen en een paar duizend jaar oud.[22]

Vertaald naar ritmes: klokgenen zijn waarschijnlijk honderd miljoen jaar oud[23] (maar dat werd pas duidelijk nadat de klokgenen werden ontdekt, en dat is relatief kort geleden), en de gewoonten om naar vaste ritmes te leven is tussen een paar dagen en een paar duizend jaar oud. Toch zijn zowel die stokoude, maar pas ontdekte klokgenen als de minder oude gewoontes beide bepalend voor de ritmiek van het hedendaagse lichaam.

Wat let ons om in plaats van precies te willen weten wat de bijdrage van de natuur of van de samenleving aan het ritme van het lied is, te onderzoeken hoe het ritme van het lied een verbinding vormt tussen het ritme van de zee, van de ademhaling, van de stembanden, van de regen, van de riemen, van de roeiboot, van de werkdag en de visnetten? Kan het zijn dat er niet slechts twee manieren zijn om naar de werkelijkheid te kijken – twee ontologische variëteiten, om met Latour te spreken –, maar een veelheid?

Zouden we 'ritme' ook als zo'n ontologische variëteit kunnen opvatten? Zou het begrip ritme een denkruimte kunnen openen voorbij het onderscheid tussen natuur en cultuur? Is ritme misschien 'een heel fijn weefspoeltje dat de hemel, de industrie, de teksten, de zielen en de morele normen met elkaar heeft verweven'?[24]

Voorbij natuur en cultuur

Ook het besluit van Leontien van Moorsel om het werelduurrecord te rijden tijdens haar menstruatie is noch een puur natuurlijke noch een puur culturele (technologische) handeling. Het onderscheid tussen natuur en cultuur is ook in dit geval niet scherp te maken. Alleen al het voorspellen van het moment waarop ze ongesteld zal zijn, vergt een door mensen gemaakte agenda en een door mensen waargenomen overeenkomst tussen het wassen en afnemen van de maan en het vaginale bloeden van de vruchtbare vrouw. Zonder agenda en menselijke waarneming zou Van Moorsel niet geweten hebben dat 1 oktober 2003 de derde dag van haar menstruatie zou zijn. Maar helemaal cultureel is de samenloop tussen de menstruatie en race nu ook weer niet, omdat het maanlijkse bloeden niet door mensen is bedacht, maar uit de niet door mensen gemaakte natuur voortkomt.

Van Moorsel heeft de onveranderlijkheid van haar menstruatie, en de voordelen die het ongesteld-zijn haar biedt, gebruikt om een mengsel tussen natuur en cultuur te creëren dat haar in staat stelde om het doel dat ze zichzelf gesteld had, waar te maken. Het naturalistische argument dat vrouwen tijdens hun menstruatie minder presteren, legde ze naast zich neer, om vanuit eigen ervaringen met en kennis over haar lichaam te besluiten welke combinatie van 'natuurlijke' en sociale ritmes haar boven zichzelf zou doen uitstijgen.

Van Moorsels mengsel is maar één voorbeeld van hoe biologische en sociale lichamelijke ritmes gemengd kunnen worden. Mensen met een ander doel voor ogen, zullen andere combinaties maken om dat doel te bereiken.

Een meester of juf die kinderen iets wil leren kan een mengsel maken van de bioritmes van kinderen, de door ouders aangeleerde ritmes, de ritmes van leerprocessen, muzikale ritmes, de ritmes van de omringende wereld, de ritmes van computers en andere apparaten, en hij of zij kan ervoor kiezen om intensieve en ontspannende activiteiten ritmisch af te wisselen.

Een werkende ouder kan een mengsel maken van de bioritmes van zichzelf, de partner en de kinderen, de ritmes van werk-, school- en kinderopvang, de aangeleerde eet-, rust- en slaapritmes, de ritmes van huishoudelijke apparaten, de ritmes van vervoer en de ritmes van sociale contanten.

Een gepensioneerde kan een mengsel maken van de ritmes van bewegen, ritmes van slapen, eten en rust, ritmes van ontmoetingen, ritmes van vrijetijds- en andere bezigheden en ritmes die het lichaam en het hoofd fris houden.

Wat deze voorbeelden verbindt, is dat er vanuit zelf gestelde doelen onderzocht wordt welke ritmes in het geding zijn, in hoeverre die ritmes veranderlijk of onveranderlijk zijn, hoe stabiel of instabiel ze zijn en hoe de vele biologische, sociale, culturele, economische, muzikale en andere ritmes zo te mengen dat we energiek, gezond en evenwichtig genoeg zijn om dat wat we graag doen of wat we ons ten doel stellen ook kunnen doen. 'Het is het indelen dat de tijd, en niet de tijd die de indeling maakt', aldus Latour.[25] En daarmee is de cirkel van dit hoofdstuk rond.

Een goddelijke hopsasa

De betovering van hoorbare ritmes

> *– en nu nog, na duizenden jaren lange arbeid in de bestrijding van dergelijk bijgeloof, wordt ook de wijste onder ons bij gelegenheid de nar van het ritme, zij het slechts daarin, dat hij een gedachte als* meer waar ervaart *wanneer deze een metrische vorm heeft en met een goddelijke hopsasa gepaard gaat.*
>
> FRIEDRICH NIETZSCHE

Augustus was van oorsprong een oogstmaand. Zodra de oogst binnen was, werd er uitbundig gefeest. Men at, dronk en danste naar hartenlust, om daarna de voorraden voor de winter met rust te laten.[1] Van die oude oogstfeesten is nu weinig meer over. Wel zijn er tijdens de oogsttijd drukbezochte festiviteiten, openluchtconcerten, Uitmarkten, braderieën en praalwagenoptochten.[2]

Reizend theaterfestival De Parade is een van die aan de oogsttijd herinnerende festiviteiten. Jaarlijks strijkt het, na een tocht langs Den Haag, Utrecht en Rotterdam, neer in het Amsterdamse Martin Luther Kingpark. Achter een hoge afrastering verschijnen theatertenten, een zweefmolen, een van bierkratten gebouwd museum, een houten toren met uitzicht over het terrein en talloze bars en eettentjes. 's Avonds, als het terrein open is, stromen er duizenden mensen toe. De eenzame fietser die langs de Amstel rijdt, hoort één groot geroezemoes. Zo nu en dan klinkt er een lied, tromgeroffel of luid applaus bovenuit.

Maar er is nog iets. Midden op het terrein staat de Stille Disco. Veel meer dan een planken vloer met daaromheen een manshoog hek van gaas is het niet. Je kunt er terecht om te dansen. Tegen betaling krijg je een draadloze koptelefoon en mag je de vloer op. Zodra er genoeg bezoekers zijn, zet de diskjockey zijn plaatjes op. Zijn lippen bewegen, de mensen op de vloer knikken. Ze zetten zich als op commando in beweging. Hun lichamen gaan in hetzelfde ritme heen en weer, de mannen en vrouwen kijken elkaar aan, lachen en gebaren. Ze hebben geen oog voor het publiek dat buiten de kooi verlangend of met verbazing hun bewegingen volgt. Na tien minuten houdt het bewegingsspel abrupt op. De koptelefoons worden van het hoofd gerukt. De discogangers lopen de kooi uit, op naar de volgende attractie.

De Stille Disco laat de toeschouwer zien hoe muzikale ritmes mensen *en masse* in beweging kunnen zetten. Het is onmogelijk om in de Stille Disco stil te blijven staan. De eenling die dat wel probeert, staat letterlijk voor paal. En dat wil een beetje mens liever voorkomen. De goddelijke hopsasa, zoals Nietzsche het ritme noemt, maakt zelfs de wijze tot een nar: ook hij springt met een koptelefoon op en neer in een kooi van gaas. 'Mij niet gezien', denkt de slimmerik onder ons, hij blijft veilig buiten de kooi staan. Als geen ander kent hij de magische kracht van ritmes, hun vermogen om mensen te verbinden en tot iets te bewegen wat ze niet van zichzelf verwacht hadden.

Muzikale ritmes kunnen ons ongemerkt in beweging brengen. Schouders, heupen, romp, armen, handen, benen, voeten, hoofd en hersencellen, alles beweegt. Hoe kan het dat ritmes die uitwerking op mensen hebben? Zijn we ons daarvan bewust? Of raken ritmes aan iets waarover we geen zeggenschap hebben?

Maar muzikale ritmes zetten ons niet alleen in beweging, ze dragen ook waarheden, betekenissen, gevoelens en waarden over. Ongemerkt worden we verbonden aan de boodschappen die ritmes in zich dragen. Betekent dit dat we de ritmes moeten onderzoeken, ze in de gaten moeten houden, en ze zo nodig verre van ons en onze kinderen moeten houden? Of is dat onzin, en kunnen we ons met een gerust hart aan elk ritme overgeven?

Magische krachten

Duizenden jaren geleden wisten mensen al dat ritmes van dans, muziek, recitatie, zang en poëzie een betoverende kracht hebben die ons kan verleiden tot gedrag dat we normaliter niet vertonen. 'Het ritme is een dwang', schrijft Nietzsche in *Die fröhliche Wissenschaft*, 'het roept een niet te overwinnen lust op om toe te geven, in te stemmen; niet alleen de schreden van de voeten, ook de ziel zelf gaat de metrische vorm achterna'.[3]

Met ritmes kun je mensen tot orde en regelmaat brengen, maar ook tot chaos en wanorde, tot het Apollinische, zoals Nietzsche het noemt, of het Dionysische. Waar de Grieken uit de vierde eeuw voor Christus, onder wie Plato, de jeugd liefst alleen blootstelden aan ritmes die orde en regelmaat brengen, treft Nietzsche in de tragedies van de zesde en vijfde eeuw voor Christus aanwijzingen voor hoe ook Dionysische ritmes op een nuttige manier kunnen worden gebruikt.

Ritmes van dans en muziek werden in de oudste tijden gebruikt om al te heftige affecten, als angst, woede, waanzin of wraakzucht, te ontladen. In die ontlading werd de ziel gereinigd, waarna de rust weerkeerde. Gebeden werden ritmisch opgezegd, en liederen ritmisch gezongen om zo de goden te verleiden hun oor dichterbij te brengen. De gezongen en gesproken ritmes betoverden de goden, waardoor ze hun macht verloren. In de ritmiek werden de goden tot werktuig van de mens. Zelfs Apollo, de god van het ritme, kon door ritmische verzen worden bedwelmd en ertoe gebracht worden om de godinnen van het lot en de toekomst op zijn beurt met ritmes aan zich te binden. Voor de (bij)gelovige mens van die tijd was er dus niets nuttigers dan ritme:

> Met ritme kon men alles: een werk magisch opeisen, een God dwingen om te verschijnen, om nabij te komen en toe te horen; de toekomst naar zijn hand te zetten; de eigen ziel van een enige overmaat (aan angst, manie, medelijden, wraakzucht) te ontdoen. En niet alleen de eigen ziel maar ook die van de boosaardigste demon – zonder het vers was men niets, door het vers werd men bijna een god.[4]

Dat grondgevoel, dat je met ritmes alles kunt, is volgens Nietzsche onuitroeibaar. Ook in zíjn tijd, aan het einde van de negentiende eeuw, ziet hij hoe de wijste onder ons tot nar van het ritme wordt, al is het maar omdat deze een gedachte of uitspraak als meer waar ervaart, wanneer die ritmisch wordt gebracht. Welke filosoof gebruikt niet met graagte een dichtregel om de waarheid van zijn gedachten te onderstrepen? Alsof de dichters de waarheid in pacht hebben. Niets is minder waar, schrijft Nietzsche, Homerus waarschuwde al dat zangers veel liegen.

Ook in onze tijd is het grondgevoel dat je met hoorbare ritmes alles kunt bereiken niet verdwenen. Hedendaagse politici, dominees, filosofen en reclamemakers zijn ervan overtuigd dat hun boodschap, mits gebracht met de juiste ritmiek, het publiek zal overtuigen van hun gelijk. Toehoorders onthouden uitspraken met een pakkend ritme nu eenmaal beter dan uitspraken zonder ritme. En door de ritmiek zijn ze meer geneigd om de uitspraak voor waar aan te nemen.

Cogito ergo sum, doceert de filosofiedocent, het korte ritmische statement waarmee René Descartes de zekerheid omtrent de empirische waarneming op zijn grondvesten deed schudden, niet wetende dat meer dan vier eeuwen later jonge generaties scholieren hem dit nog altijd zouden nazeggen en verleid zouden worden om deze uitspraak voor waar aan te nemen.

Ritmiek in zinnen maakt dat uitspraken in ons geheugen blijven hangen. Zonder aarzeling weten we wat volgt op 'Heerlijk, helder, ...', 'Even Apeldoorn ...', 'Kip ...' De ritmiek van deze reclame-uitingen zet zich vast in het langetermijngeheugen, waardoor we, soms tegen wil en dank, geloven dat het inderdaad om heerlijk bier, een goede verzekeraar en het meest veelzijdige stukje vlees gaat.

De ritmiek maakt ons niet alleen gevoelig voor betekenissen en waarheden die verpakt zitten in de ritmische gebrachte boodschappen, ritmische uitspraken *doen* ook iets. In extreme gevallen kunnen ze een eigen werkelijkheid creëren: een wereld waarin we alleen dat ene biermerk drinken of alleen dat ene geloof of die ene ideologie aanhangen.

Een afschrikwekkend voorbeeld van hoe ritmes een eigen werkelijkheid creëren, geeft de film *Triumph des Willens*, die Leni

Riefenstahl in opdracht van Hitler maakte over het zesde partijcongres van de NSDAP op 5 september 1934 te Neurenberg. Een van de indrukwekkendste scenes is als iemand, kort nadat Hitler het podium heeft betreden, door een microfoon vraagt waar de 'kameraden' vandaan komen. Een voor een, als in een lied, antwoorden frisse jongemannen: 'Uit Friesland. Uit Beieren. Uit Kaiserstühl, ...' De woorden en ritmes creëren het beeld dat elke regio, elk dialect, elke bewoner van Duitsland erbij is. Deze 'werkelijkheid' wordt onderstreept door de recitatie die volgt: 'Ein Volk, ein Führer, ein Reich, Deutschland.' Nadat de kijker ritmisch is klaargestoomd om de boodschap te ontvangen spreekt de Führer over de verbondenheid met elkaar, over het ene Duitsland waar we voor moeten vechten. Voor het geval het nog niet duidelijk was legt Hitler uit dat marcheren, op marsmuziek, uitdrukking geeft aan deze eenheid: 'Duitsland ziet haar jongeren marcheren in vreugde.'

Riefenstahl geeft gretig toe aan die vreugde: in de éénendriekwart uur dat de film duurt, zien we eindeloze hoeveelheden marcherende soldaten, vaandeldragers, drumbands en fakkeldragers voorbijtrekken. Vrijwel alle beelden worden ondersteund door marsmuziek, uitgevoerd door trompetten, trommels, en soms dwarsfluiten. De film eindigt met het Horst Wessellied, 'Die Fahne Hoch', dat tussen 1930 en 1945 de hymne van de NSDAP was.

Wie naar de film kijkt, moet zich beheersen om niet in het ritme van de muziek mee te bewegen. Ongemerkt neurie je mee tijdens het Horst Wessellied. Hoe zeer we ook proberen ons te wapenen, we worden meegesleurd in het ordelijke en optimistische ritme van de marsmuziek, we voelen nostalgie bij beelden van lachende, stoeiende en elkaar natspetterende jongemannen. De paraderende drumbands roepen een kinderlijk verlangen op om achter de muziek aan te gaan.

De ritmiek van de muziek, de bewegingen en parades, zo zie je als toeschouwer, zijn bedoeld om bij de aanwezigen en het filmpubliek een gevoel van verbondenheid te scheppen, door Hitler in de film onder woorden gebracht als: 'U bent vlees van ons vlees, bloed van ons bloed, u kunt niet anders dan verenigd zijn.' Die vereniging beperkt zich volgens hem niet tot het aardse, maar omvat ook het spirituele, de grotere orde: 'Niets komt uit niets als er geen grote orde onder ligt, die door God is opgelegd.' Voor hem, zo vertelt hij aan het einde van de bijeenkomst, is deze partijdag 'een grote spirituele ontmoeting.'

Nu we weten wat er van het Rijk van Hitler is geworden, zou je bijna zeggen dat het maar beter is om geen marsmuziek te spelen, en al helemaal niet meer om daarop te marcheren. Maar doen we de muzikale ritmes daarmee niet tekort? Voordat ik daarop inga, zal ik laten zien waar de betovering van ritmes vandaan komt. Hoe kan het dat muzikale ritmes ons in beweging zetten en laten instemmen met zaken waartoe we anders niet gekomen waren?

Waarom we betoverd worden

Een muzikaal ritme is weinig meer dan een terugkerende afwisseling van de lengte (of intensiteit) van de tonen binnen de maat of cadans. Het is 'het borduursel op het stramien van de maat,' zoals oud-conservatoriumdocent Theo Willemze schrijft. Dat borduursel komt tot stand door de tijdsdelen binnen de maat kleiner of groter te maken, bijvoorbeeld noten langer of korter te laten duren.

De terugkerende afwisseling van kortere en langere tijdsdelen geeft coherentie aan wat we horen. Wanneer de afwisseling in de herhaling identiek is, is er sprake van *metrum*, wat een speciale vorm van ritme is.[5]

We weten wat ritme is wanneer we binnen het **één**-twee, **één**-twee van de marsmuziek bij herhaling een tromroffel horen, wanneer binnen de vlakke vierkwartsmaat van de hedendaagse *dance* de tweede tel bij herhaling in tweeën wordt gesplitst (één-twee-je-drie-vier) of wanneer Amy Winehouse binnen de vierkwartsmaat 'Love is a losing game' zingt.

Hoe kan het dat zoiets eenvoudigs als een terugkerende afwisseling van langere en kortere noten binnen de maat zo'n impact heeft?

Een veelgenoemde reden is dat muzikale ritmes iets in het lichaam doen resoneren. Wanneer we op Lowlands, Sziget of een ander muziekfestival dichtbij de geluidsboxen staan voelen we hoe de ritmes van de bas onze ingewanden en neusvleugels in trilling zetten. En ook de hoge 'Ahahahahaha' die de Koningin van de Nacht ten beste geeft in Mozarts opera *Die Zauberflöte* blijft rondzingen in het binnenoor, in de hersenen en het hart.

Het lichaam is een klankkast, zegt de Franse filosoof Jean-Luc Nancy in zijn boek *A l'écoute*. Het lichaam vibreert, er wordt iets in het lichaam in beweging gezet, omdat de ritmes van de muziek resoneren in de holle ruimtes van het lichaam: in de buik, de baarmoeder, de organen. De ritmes bespelen het lichaam, alsof het een gitaar, trommel of viool is. Hij illustreert de relatie tussen het muzikale geluid en het lichaam, tussen het sonore en het resonerende, met Titiaans schilderij *Venus, Cupido en de Orgelspeler* (ca. 1550). De orgelspeler, links op het schilderij, wendt zich naar Venus die naakt op bed ligt. Over haar schouder hangt Cupido, genietend van de lust die in de lucht hangt. Maar de orgelspeler heeft alleen oog voor de buik van Venus, de holle ruimte waar zijn orgelmuziek resoneert. Zijn oor opent de buik, aldus Nancy, waardoor binnen en buiten zich voor elkaar openen.[6]

In de voorstelling van Nancy wordt het lichaam tot iets passiefs, tot een afwachtende vrouw die haar holtes gelaten openstelt voor de wellustige blik van de orgelspeler. Die visie op het lichaam is eenzijdig. Het lichaam is meer dan een holle ruimte, en ook meer dan een instrument dat door de muziek wordt bespeeld. Spieren, weefsels, botten, die weliswaar allen kunnen vibreren maar die tegelijkertijd ook hun eigen ritmes hebben, omringen die holtes van het lichaam. Soms zal er harmonie ontstaan tussen die eigen lichamelijke en de muzikale ritmes. Dat geeft een aangenaam gevoel, een gevoel van euritmie. Maar de ritmes kunnen elkaar ook tegenwerken of lamleggen, waardoor disharmonie of aritmie ontstaat. Het lichaam zal dan niet bloot en afwachtend op het bed blijven liggen, maar zich afsluiten, wegvluchten of het ritme het zwijgen op trachten te leggen.

Ook Lefebvre lijkt in eerste instantie het lichaam te presenteren als iets dat min of meer passief onderworpen is aan hoorbare ritmes. De ritmes leggen zich op aan het lichaam. Sterker nog, de op het lichaam inwerkende muzikale ritmes brengen veranderingen aan in de natuurlijke ritmes van het lichaam. Ook hij introduceert een visueel beeld om zijn visie kracht bij te zetten: de veelvoudige, natuurlijke ritmes van het lichaam zijn als een bos bloemen, die door de muzikale ritmes worden herschikt tot een boeket.[7] In de geschiedenis van de mens gebeurde die herschikking als eerste via de dans, waarbij het ritme van de dans zich oplegde aan het menselijk lichaam om het zo tot een nieuw boeket van bewegingen te brengen, aldus Lefebvre.[8] Lichamelijke ritmes wikkelden zich op die manier meer en meer in muzikale ritmes.

Dat maakt het lastig om te weten wat van het lichaam afkomstig is en wat van de muziek. Legt het ritme van housemuziek het lichaam een snellende golvende beweging op, of heeft het dansende lichaam die ritmiek aan de housemuziek opgelegd? Leggen de marcherende soldaten de mars haar strakke ritme en cadans op, of maakt de mars ons tot marcherende soldaatjes?

De vraag of lichamelijke ritmes aanvankelijk meer bepalend voor muzikale ritmes waren dan andersom, is een kip/ei-vraag, waarop voorlopig geen definitief antwoord is te geven. Nietzsche wekt in zijn nagelaten geschriften de indruk dat hij de eerste mening is toegedaan: 'De gaande en sprekende mens ... bepaalt de grondvormen van de muziek', schrijft hij, 'De muziek heeft zich in haar ontwikkeling bij de antropomorfe hoofduitingen aangesloten: gang en spraak.'[9]

Maar zijn inkt is nog niet droog of hij voegt eraan toe dat het nog juister is om te zeggen dat de menselijke gang een nabootsing van de muziek is, zoals de uitgesproken zin een nabootsing van de melodie is. Op die manier, constateert hij, is de hele mens een muzikale verschijning. Welke van de twee beweringen de juiste is, laat Nietzsche in het midden. Maar gesteld dat de laatste bewering juist is, zo sluit hij af, dan zou ritme iets zijn dat fundamenteler is dan de mens of het menselijk lichaam, het zou 'de oorspronkelijke tijdservaring' zijn, 'de vorm van de tijd zelf'.[10]

Zo opgevat betekent het dat ritmes die ouder zijn dan de mens – de ritmes van de aarde, de maan, de zon, afijn, van de hele kosmos – de oorspronkelijke tijdservaring zijn. Nietzsche verwijst in *Die fröhliche Wissenschaft* naar de Pythagoreërs, de navolgers van Pythagoras, die meenden dat muzikale ritmes, die getalsmatig geordend zijn, de harmonie van de kosmos illustreerden en ermee correspondeerden.[11] Ook latere Griekse denkers, onder wie Plato, herkenden in muzikale ritmes een correspondentie met de ritmes van de grotere, goddelijke of kosmische ordening.

Met de gedachte dat ritmes aan iets raken dat fundamenteler, groter of oorspronkelijker is dan de mens komen we bij een tweede, eveneens veelgenoemde verklaring voor de betoverende werking van ritmes: muzikale ritmes verbinden ons met iets dat buiten het zegbare of denkbare valt. Wat dat buiten is kan – juist omdat het onzegbaar is – niet worden beschreven. Filosofen gebruiken daarom woorden als 'metafysisch', 'transcendent', 'spiritueel', 'oorspronkelijk', 'mythisch', 'magisch' of 'mysterieus'.

In alle gevallen gaat het erom dat we in de muziek iets ervaren dat zich niet in woorden of gedachten laat uitdrukken. Wanneer we dat toch proberen, zo waarschuwt Nietzsche, bijvoorbeeld door ritmische figuren met een gebeurtenis in ons leven of een voorval in de natuur te vergelijken, dan verlagen we ons tot een niveau waar het onmogelijk is het mythische nog te ontvangen.[12] De werkelijke waarde van de muziek, en daarmee van de ritmiek, is volgens hem dat zij ons de Dionysische spiegel van de wereld voorhoudt, waarin zich het tragische, sterfelijke, verhevene, zelfvernietigende, extatische en wanordelijke deel van de wereld weerspiegelt.[13]

Ook hedendaagse cultuurfilosofen als George Steiner of René Boomkens dichten muziek een kracht toe die ons verbindt met het onzegbare.

Steiner heeft zich in meerdere boeken gebogen over het 'mysterie van de muziek', het '*mysterium tremendum* van de muziek', zoals hij het in een filmpje op YouTube in navolging van Nietzsche noemt.[14] Met deze leermeester deelt Steiner de opvatting dat de muziek ons in aanraking brengt met iets dat buiten het denken en spreken, ja zelfs buiten de rede, valt. Liederen van Orpheus, de pianosonates van Schubert of Schönbergs Mozes en Aaron, om maar enkele voorbeelden te noemen van de vele die Steiner ons voorschotelt, vieren de intuïtie die we hebben van het mysterieuze, het transcendente:

> Op manieren die zo overduidelijk zijn dat elk statement tot een vermoeiend cliché wordt, en toch van een ondefinieerbare en ontzagwekkende aard, brengt muziek ons als mannen en vrouwen in aanraking met dat wat het zegbare overschrijdt, wat het analyseerbare achter zich laat.[15]

Steiner acht muziek centraal voor de toegang tot metafysische ervaringen. Vaak wordt die toegang verleend in relatie tot religie, maar echt nodig is dat volgens hem niet: het mysterie kan evengoed zonder religieuze motieven of gelegenheden worden gevierd. Voor mensen die niet geloven of die het geloof verwerpen is muziek een ongeschreven theologie: ze geloven in de buitenmenselijke, demonische, troostende, exalterende of droevig stemmende krachten van de muziek.[16] Wie de vraag naar muziek stelt, stelt de vraag naar de mens, naar het mysterie van de menselijke conditie, aldus Steiner.[17]

Tegen Steiner en Nietzsche valt in te brengen dat wie het woord 'mysterie' gebruikt, er ook in gaat geloven. Dat muzikale ritmes iets overbrengen dat niet in woorden of gedachten is uit te drukken, hoeft niet per se verband te houden met een mysterie. Het kan ook zijn dat de ritmes verwijzen naar zaken die niet aan de menselijke conditie gebonden zijn of die niet goed door mensen te bevatten zijn, zoals de ordening van het universum of de heftigheid van emoties.

Zo meent René Boomkens dat het onzegbare, dat ook hij toeschrijft aan de muziek, berust op een combinatie van abstractie en directe emotionaliteit.[18] Hij merkt op dat muziek, en vooral popmuziek, enerzijds beladen is met *betekenisvolle* emoties en niet te articuleren ervaringen, maar dat muziek anderzijds *betekenisloos* is omdat deze zich onttrekt aan concrete maatschappelijke of politieke situaties. Een popsong, hoe lokaal ook geproduceerd, zingt zich los van de context, zwermt via radiostations en internet over de aarde en roept op de meest diverse plaatsen emoties bij mensen op. Boomkens geeft als voorbeeld de eerste popmuziek van Elvis Presley, die als een eenvoudige *redneck* de studio in Memphis inging om eruit te komen met een publiek dat uit heel Amerika, en niet lang daarna uit Europa en andere werelddelen kwam. Een ander voorbeeld van het loskomen van de specifieke context en de aanvankelijke betekenis is het Horst Wessellied dat, in dezelfde compositie als van de nazi's maar met een andere tekst, werd gebruikt door de anarchisten en communisten die in de Spaanse Burgeroorlog (1936-1939) tegen de francisten streden.[19]

Dat muzikale ritmes ons in contact kunnen brengen met anderszins niet te articuleren emoties, stemmingen en affecten is de derde verklaring voor het meeslepende effect van ritmes. 'Muziek graaft in onze dieptes en geeft uitdrukking aan de in ons binnenste verborgen bewegingen van liefde en vrees en vreugde. Muziek spreekt op mysterieuze wijzen tot ons en over ons', schrijft de Amerikaanse filosoof/classica Martha Nussbaum, 'kwetsbaarheden worden blootgelegd en onze ziel wordt voor ons oog opengelegd.'[20] Maar ook zij erkent dat die emoties niets te maken hoeven te hebben met ons leven.

Ritmes kunnen evengoed emoties overdragen uit een andere wereld, die donkerder, woester, kwaadaardiger of juist lichter, plezieriger of lustvoller is dan onze wereld. Ritmes van popsongs kunnen plezier opwekken, de lust geven om het leven ten volle te genieten en om op te gaan in een gemeenschap van gelijkgezinden. Opzwepende ritmes kunnen, zoals bij het carnaval, worden gebruikt om agressie, angst of liefde op te roepen, ze te verhevigen om ze tot slot tot ontlading te laten komen. Dat geeft weer even rust. Lang geleden wist men al, schrijft Nietzsche, dat 'als de juiste spanning en harmonie van de ziel verloren was gegaan, men moest dansen, in het ritme van de zangers. Dat was het recept van de heelkunst.'[21]

Maar is dat niet gevaarlijk?, zo zal de toeschouwer van de Stille Disco op de Parade zich afvragen. Hij kan, zonder zelf door de muziek te worden aangeraakt, van nabij de niet goed te articuleren uitwerking van de muzikale ritmes waarnemen. Als ritmes bij de dansers iets teweegbrengen wat zij niet kunnen articuleren, laat staan controleren, lopen zij dan niet het risico dat ritmes hen tot het kwaad aanzetten?

Slaafse ritmes

George Steiner is zo'n buiten de disco staande toeschouwer. Hij toont zich verbijsterd als begin jaren zeventig de ritmes van pop, folk en rock-'n-roll door de muren van zijn werkkamer dringen:

> Terwijl ik dit zit te schrijven in een studeerkamer in een van de grote Amerikaanse universiteiten, dreunen de muren lichtelijk onder de stampende muziek uit enkele versterkers, vlakbij en veraf. Zo'n achttien tot vierentwintig uur per dag hoor of voel je de muren sidderen. De stampende muziek is letterlijk eindeloos. Het maakt niet uit of het nu pop, folk of rock is. Het gaat om de alles doordringende ritmiek, van de vroege morgen tot de late avond, die door het koudvuur van het elektronische timbre tot een brij wordt gemaakt. Een groot deel van de mensheid, laten we zeggen in de leeftijd van dertien tot vijfentwintig jaar, laat zich op het ogenblik voortdurend overspoelen door dit constante gedreun.[22]

Om zich heen ziet Steiner hoe rock-'n-roll en popmuziek de wereld veroveren. Hij vermoedt dat de triool[23] die hij op een winteravond in het noordoosten van de Verenigde Staten hoort, op hetzelfde moment 'in een danszaal in Bogotá, op een transistorradio in Narvik en via een juke-box in Kiev en een elektrische gitaar in Bengazi' klinkt. De gedragsveranderingen die de popmuziek met zich meebrengt zijn afschrikwekkend. Rock en pop sleuren jongeren mee in subculturen met eigen mode, levensstijlen en trends, die door iedereen worden gevolgd. Wat zullen de psychologische effecten zijn van de verzadiging die door het zich steeds herhalend ritme wordt teweeg gebracht? 'Welke vezels van het gevoelsmatig bewustzijn worden verdoofd of geprikkeld?'

In de denkbeeldige samenleving die Steiner zich een kleine twintig jaar later in het boek *Real Presences* voorstelt, worden jongeren opgevoed met goede muziek. Ze leren een instrument te bespelen, uit het hoofd te spelen en te luisteren naar goede muziek. Het uit het hoofd leren van teksten en muziek staat voor een cultivering van gedeelde muziekherinneringen, aldus Steiner. Goede muziek geeft tegenwicht aan het alledaagse. Ze is niet stupide, maar intelligent: ze belichaamt een kritisch oordeel over de context waarin de muziek tot stand komt. Ook de luisteraar en de componist moeten kritisch zijn. In zijn denkbeeldige samenleving is het ondenkbaar dat de muziek zich zou ontwikkelen of zou worden aangeboden zonder te zijn onderzocht, geëvalueerd, en door deskundigen te zijn geïnterpreteerd.[24]

Steiners verontrusting over de invloed die 'lelijke' muzikale ritmes hebben op het gedrag en de levenstijl van jongeren en zijn pleidooi om jongeren met goede muziek op te voeden is een verre echo van de bezorgdheid die Plato in de vierde eeuw voor Christus in zijn dialogen verwoordt.

In *De Staat* (Boek III, 398-403) beschrijft Plato een dialoog tussen Socrates en Glauco over hoe kinderen in de ideale samenleving muzikaal behoren te worden opgevoed.[25] Ze zijn het erover eens dat ritmes en melodieën gezuiverd dienen te worden van de overbodige ballast die een geregeld en goed leven in de weg staat. Voor de melodie betekent het dat het aantal instrumenten ingeperkt dient te worden tot de lier en de citer en een eenvoudig rietpijpje voor herders op het land. Andere instrumenten, en vooral die met veel snaren, maken de melodie nodeloos ingewikkeld.

Ook voor ritmes geldt dat het onwenselijk is om complexiteit na te jagen: 'We moeten slechts uitzien naar die ritmen die bij een geregeld en manhaftig leven passen' (399e). Ritmes die dat leven nabootsen zijn in hun ogen goed, maar ritmes die slaafsheid, overmoed, waanzin of enig ander gebrek weergeven zijn slecht. Wat een goed of slecht ritme is, valt op te maken aan de stijl waar het ritme zich aan aanpast: 'bij een goede stijl past zich een goed ritme aan; bij een slechte, een slecht' (400d). Daarom mag je volgens hen ook zeggen dat stijlvolle, melodieuze, sierlijke, ritmische manieren van spreken een gevolg zijn van 'de nadenkende geest die onder alle opzichten een waarlijk voortreffelijke zedelijke structuur bezit' (400e). De jeugd heeft de opdracht die voortreffelijke zedelijkheid altijd en overal na te streven. De ritmes van de muziek, de dans, het lied en de poëzie horen aangepast te zijn aan die levensstijl.

Mensen die een gebrek aan ritme tentoonspreiden of die zich plomp bewegen drukken daarmee uit dat ze een slecht karakter hebben (401a). Socrates vraagt zich af of er in de ideale staat toezicht moet worden gehouden op alle kunstenaars. Zou het niet het beste zijn om hen te beletten ritmische afbeeldingen te maken van slechte karakters? Maar, liever dan te verbieden, geeft hij er de voorkeur aan om dichters, musici, zangers en dansers te zoeken

> die, dank zij hun natuurlijke talent, bekwaam zijn om de natuur van het schone en mooie op te sporen. Zo zal onze jeugd als het ware in een gezonde streek leven en met alles haar voordeel doen. Alles wat uit die schone gewrochten het oog en het oor onzer jongelingen treft, zal dan bijdragen tot hun gezondheid, net als een koeltje uit gezonde streken, dat onze jeugd, van klein af, ongemerkt tot gelijkheid, liefde en overeenstemming met de schoonheid van het woord brengt (401c-d).

Juist omdat ritmes 'ongemerkt' op ons inwerken, ons ongemerkt tot gelijkheid, liefde en overeenstemming brengen, laat Plato Socrates zeggen dat we aan de jeugd goede ritmes moeten aanbieden. Want als we hun slechte ritmes aanbieden, zullen ze ongemerkt tot het kwaad vervallen. Die ongemerkte werking komt tot stand omdat ritmes tot diep in de ziel doordringen (401d). Een juiste muzikale opvoeding, die juiste ritmes aanreikt, maakt de ziel bevallig, maar een verkeerde opvoeding met verkeerde ritmes maakt haar lelijk (401d). Iemand die een behoorlijke muzikale opvoeding heeft genoten, weet bovendien welke ritmes hij om hun schoonheid moet prijzen en toelaten tot zijn ziel, en welke hij om hun lelijkheid moet laken en haten.

Ook in *De Wetten* (Boek II, 659-671), benadrukt Plato het belang van een goede muzikale opvoeding.[26] Drie heren op leeftijd, de Kretenzer Clinias, de Spartaan Megillus en iemand uit Athene, voeren tijdens een wandeling op Kreta een gesprek over de wetten die zij nodig achten binnen een denkbeeldige kolonie genaamd Magnesia.

We komen steeds op hetzelfde punt uit, constateert de Athener, namelijk 'dat de opvoeding erin bestaat, de kinderen aan te trekken en te leiden naar wat de wet het juiste principe noemt, en wat als werkelijk juist wordt erkend door de meest hoogstaanden en hoogbejaarden op grond van hun ervaring' (659d). Door kinderen goed op te voeden kan voorkomen worden dat de ziel van het kind eraan gewend raakt om genoegen te scheppen in iets dat tegenstrijdig is met de wet. Ernstige zaken moeten tijdens die opvoeding worden verpakt als 'toverzangen voor de ziel' zodat de jongeren spelenderwijs tot de juiste levenswijze komen. De goede wetgever zal ook de dichter aansporen om zo te werk te gaan. Van hem wordt gevraagd om in zijn ritmische composities de houdingen 'van wijze en moedige, en met één woord, goede mensen weer te geven' (660c). Als die aansporing niet helpt, zo meent de Athener, dan zal de wetgever de dichter moeten dwingen om de juiste ritmes in zijn composities te verwerken.

Om dat voor elkaar te krijgen zal de musicus, zanger of dichter de eigen natuur van de muziek moeten achterhalen, aldus de Athener wat verderop in de tekst (668c). Pas als hij de natuur van de muziek kent, de bedoeling ervan, en van welk origineel of model ze de weergave of nabootsing is, kan hij beoordelen of de muziek die bedoeling ook bereikt (668d).

Muziek stelt volgens de Athener hogere eisen dan andere nabootsingen van het goede of het schone, omdat een vergissing hier de grootste schade kan berokkenen: wanneer we slechte muziek toelaten, heten we tegelijkertijd slechte zeden welkom. Zelfs componisten, dansers en zangers die goed opgeleid zijn, zijn niet perfect, en minder goed dan de Muzen:

> (De muzen) zouden zich nooit zo grof vergissen dat ze, in hun composities, aan woorden die voor mannen bestemd zijn, vrouwelijke kleur en melodie zouden verlenen, of dat ze, een andere maal, wanneer ze melodieën en houdingen voor vrije mensen gecomponeerd hebben, daar slaafse en onvrije ritmen bij zouden aanpassen; of nog dat ze, als begeleiding van ritmen en houdingen die bij een vrij man passen, een melodie of woorden zouden toevoegen die in tegenspraak zijn met de ritmen (669c).

Clinias vraagt verschrikt of de Athener spreekt over bestaande praktijken. Zijn er plaatsen bekend waar de ziel van jongeren wordt verdorven door muziek, dans of poëzie? Hij weet dat er bijvoorbeeld in Sparta steeds maar weer 'nieuwigheden' op het gebied van dans en muziek worden ingevoerd, en dat die 'veranderingen niet het werk zijn van wetten, maar van bepaalde ongeregelde genoegens' (660b).

De Athener stelt hem gerust, hij doelt niet op reëel bestaande zaken. Bovendien, voegt hij eraan toe, zijn er vijftigers met een fijn gevoel voor ritme die weten of het gecomponeerde ritme juist is of niet (670b).

Aan het rijtje denkers dat zich druk maakt over de werking die 'slechte' ritmes op mensen, en vooral jongeren, zouden hebben, kunnen vele namen worden toegevoegd. Denk aan de Brits/Amerikaanse filosoof Roger Scruton die popmuziek als een obstakel voor jongeren ziet om toe te treden tot de muzikale cultuur van de volwassene.[27] Of aan de Duitse filosoof Theodoor Adorno die de ritmes van jazz als reactionaire krachten zag die tot banaliteit zouden leiden en ons in onze vrijheid zouden belemmeren.[28]

Toch is de kans groot dat Steiner, Plato en de andere heren na enige aarzeling de Stille Disco zouden betreden. Niet om te genieten van de muziek, maar om te onderzoeken of de ritmes waaraan de jeugd wordt blootgesteld de juiste of onjuiste zijn, en of de ritmes al dan niet gehaat moeten worden. De Stille Disco is een hedendaagse grot van Plato die jongeren in een schijnwereld ketent en hen daardoor het zicht op de echte wereld ontneemt. De vier heren, die doorzien dat het een schijnwereld is, zullen de gelegenheid te baat nemen en de jongeren waarschuwen voor de lelijke of gevaarlijke ritmes die hen tot slaven maken. Een goed opgevoed mens, zoveel weten ze zeker, luistert niet naar complexe ritmes die hem opzwepen, in extase voeren, die hem tot hedonisme brengen, hem zijn zelfbeheersing doen verliezen, die zijn intellect uitschakelen of al te heftige emoties oproepen. Liever luistert hij naar goede en serieuze muziek die discipline, orde en regelmaat brengt.

Luisteren naar ritmes

Tijdens *Literaturfest*, een literaire avond in de Rode Hoed, wordt aan publicist Bas Heijne gevraagd hoe hij schrijft. Heijne draait wat ongemakkelijk op zijn stoel en vertelt dan dat hij elke ochtend een koptelefoon opzet met daarop vrij hard *Rhythm is a dancer*, een dansnummer van SNAP. Het nummer heeft een strakke beat en is voor dit moment zijn favoriet. 'Het is banaal, ik weet het, maar het zorgt ervoor dat ik in de cadans van de muziek twee uur lang aan niets anders denk, en daardoor rustig kan schrijven.'

Heijne, die de verdovende werking van het elektronische dansritme gebruikt om niet door andere zaken te worden afgeleid tijdens het formuleren van verheven opvattingen, brengt ons in een oogwenk terug bij Nietzsche: laten we het demonische van de ritmiek naar onze hand zetten, de goden met onze ritmes verleiden en hen tot ons werktuig maken!

Plato en Steiner willen het oordeel over wat goede muziek is overlaten aan een culturele elite bestaande uit heren op leeftijd. Maar waarom zouden we niet zelf ervaren wat de werking van muzikale ritmes is? Om zelf te besluiten hoe we die werking, al dan niet magisch, naar onze hand kunnen zetten? Juist omdat we met ritme alles kunnen, is het van belang om zelf te onderzoeken hoe we ritmes kunnen gebruiken om het dagelijkse leven kwaliteit te geven. Om een ritme te begrijpen is het nodig om erdoor gegrepen te worden, om van binnenuit te ervaren welke betekenissen en waarheden het ritme overbrengt. Bij SNAP heet het:

> ...
> Let the rhythm ride you, guide you
> Sneak inside you set your mind to move
> to its pulsation, bass vibrations
> Sense sensation – pause – is not implicit
> Mind and body must be free too
> Please take it all way, nothing to lose
> Everything to win
> ...

Het ritme wordt hier voorgesteld als een danser die ons gezelschap houdt.[29]

Wanneer we ons aan de danser overgeven, kunnen we de betekenissen en waarheden van het ritme van binnenuit ervaren om vervolgens van buitenaf te bedenken hoe we die betekenissen ons kunnen toe-eigenen en naar onze hand kunnen zetten. De betekenissen van een ritme liggen immers niet voor eeuwig vast. En ze zijn ook niet voor iedereen hetzelfde. Wat voor Steiner een weerzinwekkend slaafs ritme is, is voor Heijne een prettig ritme dat hij inzet om zichzelf te dwingen om twee uur stil te zitten. Hij disciplineert zichzelf door zich welbewust te onderwerpen aan het monotone ritme van het danslied. Het 'slaafse' ritme wordt op een doordachte manier ingezet om het zelfgestelde doel te bereiken.

Schommelingen van meer en minder

Ritme van (zelf)discipline

Het gebaar onthulde niet de essentie van de vrouw, je zou beter kunnen zeggen dat de vrouw me de charme van één gebaar leerde kennen. Een gebaar kun je namelijk niet beschouwen als de uitdrukking van een individu, als zijn creatie (...) zelfs niet als zijn instrument; het tegendeel is waar: het zijn eerder de gebaren die ons gebruiken als hun instrument, hun drager, hun belichaming.

Bovenstaande regels zijn afkomstig uit de roman *Onsterfelijkheid* van de Tsjechisch-Franse schrijver Milan Kundera. Op de eerste bladzijde zien we een vrouw van zestig, vijfenzestig jaar langs de rand van het zwembad lopen. Ze passeert de zweminstructeur, draait zich nog één keer naar hem om, glimlacht en wuift. Het hart van de verteller, die het tafereel aanschouwt, krimpt ineen. Het zijn de glimlach en het gebaar van een twintigjarige![1]

In eerste instantie meent de verteller dat de charme van het gebaar de essentie van de vrouw uitmaakt, iets dat zo eigen aan haar is dat het haar even buiten de tijd plaatst. Het gebaar onttrekt haar aan haar leeftijd. Maar enkele bladzijden verder herziet hij zijn mening: niet wíj gebruiken de gebaren om onze essentie uit te drukken, maar de gebaren gebruiken ons.

Mensen maken bij voortduring gebaren. Ze gesticuleren met hun armen, vingers, schouders, hoofd, gezicht en soms met hun heupen of benen. Die gebaren hebben altijd een betekenis, ze beogen iets uit te drukken. Het hoofd knikt langzaam op en neer om een bedachtzaam 'ja' uit te drukken. De hand wuift heen en weer om afscheid te nemen. De heupen draaien rond ten teken van sensualiteit. Elk gebaar heeft een ritme, met een specifieke betekenis. Die gebaren hebben we niet van onszelf, ze zijn in een langdurig proces aangeleerd. Gebaren worden via herhaalde oefening langzaam maar zeker in het lichaam ingesleten.

Henri Lefebvre constateert in *Éléments de rythmanalyse* dat juist wanneer gebaren en bewegingen zich perfect en schijnbaar zonder enige inspanning conformeren aan de geaccepteerde gewoontes en modellen, ze doorgaan voor 'natuurlijk'.[2] We noemen gebaren 'natuurlijk' als ze gracieus worden uitgevoerd en passend zijn voor de gelegenheid. Maar erg natuurlijk zijn ze niet, zoals ook de verteller van Kundera constateert. Er zijn weinig dingen zo aangeleerd als gebaren. Ze lijken daarin op taal. Ook bij taal denken we vaak dat die uit het diepste zelf komt. Maar we kunnen pas spreken en schrijven nadat ons dat is geleerd. Zoals we de dragers van woorden zijn die hier en nu in het woordenboek staan, zo zijn we ook de dragers van gebaren die hier en nu als gewoon en 'natuurlijk' worden beschouwd.

Door de tijd heen kan wat we als natuurlijke gebaren ervaren behoorlijk veranderen. Het gebaar waarmee Marlon Brando in *The Godfather* zijn sigaretten rookte, getuigde in die tijd van een natuurlijke gratie. Nu er een taboe rust op rokende filmsterren zien we het ritmische gebaar van de hand die de brandende sigaret in en uit de mond haalt, eerder als iets onnatuurlijks.

Om aan bewegingen een 'natuurlijke' gratie te verlenen hebben we meer dan kennis nodig. Schaatsbewegingen kun je binnen enkele weken uit een boekje leren, maar het kost vele winters training voordat je de bewegingen gracieus kunt uitvoeren. Ook eenvoudige gebaren als het op het juiste moment en met de juiste gratie zwaaien, behoeven training. Een kind weet niet uit zichzelf hoe en wanneer het hoort te zwaaien. Pas in de herhaalde oefening, in de dressuur, leert het zich in gebaren uit te drukken. Hoe vaker en langer een gebaar wordt getraind, hoe soepeler en 'natuurlijker' het wordt uitgevoerd.

Lefebvre beschrijft dressuur als: 'een inbreuk maken op een levend wezen door het een bepaalde handeling, gebaar of beweging te laten herhalen'.[3] Door bij herhaling in te breken op hoe een mens of dier beweegt of handelt, worden nieuwe manieren van bewegen en handelen aangeleerd. Als dat langdurig en regelmatig wordt gedaan, worden die bewegingen en handelingen voor het oog 'natuurlijk'. De schoonheid waarmee een goed getrainde schaatser over de baan vliegt, komt ons voor als natuurlijk, ook al zijn de bewegingen het resultaat van jarenlange trainingen.

Maar dressuur doet meer dan gebaren en bewegingen de schijn van natuurlijkheid geven. De dressuur helpt ook om te overleven. Een kind leert via oefening en training een veelheid aan gebaren en handelingen, als lopen, wassen, in een pan roeren of links-rechts-links kijken voor het oversteken. Zonder die dressuur zou het zich niet zelfstandig kunnen handhaven. Door bewegingen in een ritmische herhaling te oefenen leert het kind hoe het zijn lichaam en geest kan plooien naar de gevaren en kansen die de eigen leefomgeving biedt.

Maar hoe noodzakelijk dressuur ook is voor de overleving, in het spraakgebruik, maar ook in de filosofie, heeft de ritmisch herhaalde oefening een negatieve bijklank. Dat begint al bij de omschrijving van het begrip. Het *Groot Woordenboek van de Nederlandse Taal* (2005) stelt dresseren synoniem aan 'africhten', 'het wennen aan tucht en orde', en 'het leren van kunstjes'. Dressuur wordt beschreven als iets voor paarden of andere dieren en pas in tweede instantie als iets voor mensen. Wikipedia en Google focussen nog meer dan het woordenboek bij 'Dressuur' op het africhten van paarden.[4] Het dresseren van mensen is op het internet vrijwel niet aan de orde.

Toch merkt iedereen die goed wil leren viool spelen, timmeren, schaatsen of schrijven dat lichaam en geest zich 'natuurlijker' overgeven aan de te leren bewegingen naarmate deze meer zijn ingesleten. Door handelingen, gebaren en bewegingen langdurig en ritmisch te herhalen, veranderen we onszelf in iemand die een bepaalde vaardigheid goed onder de knie heeft. Hoe meer de bewegingen worden ingesleten, hoe minder we over de uitvoering van de bewegingen hoeven na te denken: lichaam en geest voeren de bewegingen op de automatische piloot uit.

Dat we uiteindelijk niet meer hoeven na te denken over wat we doen is waarschijnlijk de reden waarom de dressuur ook in de filosofie een negatieve bijklank heeft. Dressuur, ook wel disciplinering genoemd, zou mensen tot een willoze speelbal maken van maatschappelijke krachten die hen tot tucht, orde en gehoorzaamheid dwingen.

De belangrijkste representant van deze kijk op dressuur is de Franse filosoof Michel Foucault. In *Surveiller et punir* (1975) schetst hij een deprimerend beeld van de dresserende krachten die moderne samenlevingen gebruiken om soldaten, kinderen en gevangenen te kneden naar de heersende tucht en orde.

Opvallend genoeg is het dezelfde Foucault die een kleine tien jaar later, in 1984, handreikingen biedt voor vormen van dressuur die een mens zichzelf kan opleggen om zijn leven schoonheid te geven. Het aloude adagium dat rust en activiteit periodieke afwisseling behoeven, en dat ritmische oefening kunst baart, is ook in de zelfdressuur een terugkerend refrein.

Wat is het verschil tussen beide vormen van dressuur? Is zelfdressuur beter dan dressuur door ouders, scholen, werkgevers en de overheid? Welke noodzaak is er om onszelf bepaalde leefritmes op te leggen? Hoe kunnen we dat doen? Kan het omgekeerde ook waar zijn: zou dressuur van buitenaf in sommige gevallen juist tot meer vrijheid van handelen kunnen leiden?

Laat ik beginnen met de van buitenaf opgelegde vorm van dressuur.

Ritmes van dressuur

Het boek *Surveiller et punir* opent met een gruwelijke scène. Op 2 maart 1757 wordt Robert François Damiens, die een aanslag pleegde op het leven van koning Lodewijk XV, voor de hoofdingang van de Kerk van Parijs terechtgesteld. Staande op een kar met alleen een shirt aan en een brandende toorts in de hand wordt hij naar het schavot gereden. Daar wordt zijn vlees met gloeiende pincetten van zijn borsten, armen, dijen en kuiten gerukt. De rechterhand, die het moordwapen vasthield, wordt met zwavel verbrand. De plekken waar het vlees is weggerukt worden overgoten met gesmolten lood, kokende olie, en een mengsel van brandende hars, was en zwavel. Dan wordt zijn lichaam door vier paarden gevierendeeld. Ledematen en romp worden door vuur verteerd en vergaan tot as, waarna de as door de winden wordt meegevoerd.

Tachtig jaar later, zo schrijft Foucault, stelde de hervormingsgezinde politicus Léon Faucher regels op voor een jeugdgevangenis in Parijs. De regels omvatten een gedetailleerde tijdtabel waarin Faucher van minuut tot minuut het verloop van de dag voorschrijft:

- De dag begint om vijf uur 's ochtends ('s winters een uur later)
- Bij de eerste tromroffel staan de gevangenen op en kleden zich aan, terwijl de bewakers de celdeuren openen
- Bij de tweede roffel, vijf minuten later, maken ze hun bed op
- Bij de derde, weer vijf minuten later, begeven ze zich in rijen naar de kapel voor het ochtendgebed
- Gebed en lezingen duren niet langer dan een half uur
- Om kwart voor zes ('s winters een uur later) wassen de gevangenen op de binnenplaats hun handen en gezicht. Ze krijgen hun eerste portie brood
- Om zes uur gaan ze in de werkplaatsen aan het werk
- Om tien uur wordt in het refectorium het middagmaal genuttigd, gevolgd door recreatie
- Om tien over half elf, als de trom roffelt, vormen de gevangenen rijen en begeven ze zich naar de school
- Gedurende twee uur krijgen ze les in lezen, schrijven, tekenen of rekenen
- Van tien over half één tot één uur opnieuw recreatie
- Om vijf voor één, bij het roffelen van de trom, vertrekken ze weer naar de werkplaatsen
- Stipt om één uur vangt het werk weer aan
- Om vier uur verlaten de gevangenen de werkplaatsen, ze wassen de handen en gaan naar het refectorium voor het avondeten
- Tot vijf uur krijgen ze de tijd om te eten en te recreëren
- De gevangenen keren terug naar de werkplaatsen om daar tot zeven uur te werken

- Om zeven uur wordt een laatste stuk brood uitgedeeld, er wordt gedurende een kwartier een werkinstructie gelezen, gevolgd door gebed
- Om half acht ('s winters half negen) keren de gevangenen terug naar hun cel, nadat de handen zijn gewassen en de kleding is geïnspecteerd
- Bij de eerste tromroffel kleden ze zich uit
- Bij de tweede leggen ze zich te rusten
  waarna de celdeuren worden gesloten en de bewakers hun rondes doen.[5]

Publieke executie versus een tijdtabel, een groter verschil is bijna niet denkbaar. Gepaard aan dit verschil ziet Foucault in diezelfde periode een omslag optreden in het denken over straffen. Hervormers pleiten ervoor om misdadigers als mensen te behandelen in plaats van als uitschot. Liever dan hen buiten de orde te plaatsen, in een duister cachot of op het schavot, willen ze hen binnen de samenleving tot de orde roepen. Delinquenten moeten worden opgevoed en getraind zodat ze na hun gevangenschap normaal kunnen functioneren.

De discipline die vanaf het einde van de achttiende eeuw in de gevangenissen wordt geïntroduceerd, ziet Foucault ook ontstaan in de organisatie van het leger, het ziekenhuis en de school. Ook daar maakt het lijfelijke straffen plaats voor een optimaal nuttig gebruik van mensen.

Surveiller et punir is vooral bekend vanwege de beschrijving van de ruimtelijke middelen waarmee gevangenen worden gedresseerd. Met als hoogtepunt het ontwerp van het *panopticon*, een ronde gevangenis met een buitencirkel van cellen en in het midden een wachttoren. Deze koepelgevangenis, die in 1843 werd ontworpen door Jeremy Bentham en in Nederland onder meer toegepast is in Haarlem en Breda, is ruimtelijk zo gebouwd dat de gevangenen, die elk een eigen cel hebben, permanent bekeken kunnen worden. De gevangenen kunnen op hun beurt niet zien of er een bewaker in de toren aanwezig is. Het gevolg is dat ze het wakende oog internaliseren. Zelfs als ze niet bekeken worden, gedragen ze zich alsof ze wel bekeken worden.

Minder bekend, maar voor het onderwerp ritme zeker zo belangrijk, zijn Foucaults beschrijvingen van de *temporele* middelen waarmee gevangenen, soldaten, zieken en kinderen tot gehoorzame subjecten worden gedresseerd.

De boven beschreven tijdtabel, die Léon Faucher voor de jeugddelinquenten opstelde, is daar een voorbeeld van. Deze tijdtabel legt de ritmes voor de dag-, week- en jaarindeling vast en omschrijft per tijdsonderdeel welke taak moet worden uitgevoerd. De tijdtabel is een erfenis uit de kloosters. Foucault schrijft daarover:

> Eeuwenlang waren de religieuze ordes meesters van de discipline: ze waren de tijdspecialisten, de grote technici van ritme en regelmatige bezigheden.[6]

De gevangenis, het leger en de school nemen die tijdtabel over, maar niet zonder deze aan te passen: de uren worden verfijnd tot kwartieren, minuten en seconden, en er wordt meer dan in de kloosters rekening gehouden met de natuurlijke krachten van het lichaam. Voor die aanpassing worden naast

(1) de *tijdtabel*

nieuwe tijdtechnieken ontwikkeld:

(2) de uitwerking van het *tijdsverloop van handelingen,*

(3) de uitwerking van de *relatie tussen lichaam en gebaar,*

(4) de uitwerking van *de articulatie tussen lichaam en object*

(5) een *uitputtend gebruik.*

De *uitwerking van het tijdsverloop van handelingen* (2) houdt in dat de duur en volgorde van handelingen in een tijdschema wordt weergegeven. Elk gebaar wordt als het ware in stukken gehakt waarna per lichaamsdeel nauwkeurig wordt bepaald hoe lang het wat moet doen. Marcherende soldaten moeten gehoorzamen aan tijdschema's waarin secuur omschreven staat hoe groot een stap voorwaarts is of hoe het geweer te presenteren. Ook het lichaam van scholieren wordt tot op het vingerkootje aangepast aan de eisen van het onderwijs.

Deze uitwerking van het tijdsverloop van handelingen is bedoeld om de tijd te kapitaliseren, om zoveel mogelijk winst uit de tijd te halen. Dat kapitaliseren van de tijd wordt bereikt door elke 'duur' in elkaar opvolgende onderdelen (bijvoorbeeld in schooljaren) te verdelen, de onderdelen volgens een oplopende moeilijkheidsgraad te organiseren, elk onderdeel af te laten sluiten met een examen, en elke reeks aan duren onderdeel te maken van langere reeksen aan duren waarbinnen elk individu zijn plaats krijgt toebedeeld.[7] Ook nu kijkt de middelbare scholier die haar eindexamen heeft gehaald terug op een lange reeks aan onderwijsjaren waarin de afronding van testen, proefwerken en examens haar steeds weer toegang geeft tot een volgend, hoger onderdeel.

De uitwerking van de *relatie tussen lichaam en gebaren* (3) richt zich op de verhouding tussen het gebaar en de algehele positie van het lichaam. Om het kind netjes te leren schrijven volstaat het niet om alleen de hand te trainen, het hele lichaam moet getraind. 'Een gedisciplineerd lichaam is de eerste vereiste voor een efficiënt gebaar', aldus Foucault.[8]

De uitwerking van de *articulatie tussen lichaam en object* (4) betreft de verhouding tussen het lichaam en de voorwerpen die het manipuleert. Het presenteren van een wapen of het gebruik van een pen vergen een precieze codering van de diverse handelingen die het lichaam in relatie tot het voorwerp moet uitvoeren. Om een optimale verhouding tussen die twee te bereiken worden de bewegingen van het lichaam en die van het voorwerp in onderdelen gecodeerd en vervolgens in een vaste volgorde uitgevoerd.

Het doel van dit alles is, tot slot, een *uitputtend gebruik* (5). De dressuur is gericht op maximale snelheid en maximale efficiëntie. Omdat er steeds meer uit de tijd moet worden gehaald, wordt de kloktijd opgedeeld in steeds kleinere fragmenten, waarin altijd weer iets extra's kan worden gedaan. Elk moment, hoe klein ook, wordt uitputtend benut.

Het lichaam van het kind, de soldaat of de gevangene verandert onder invloed van deze vijf technieken van ritme en regelmaat. In de dressuur wordt een nieuw lichaam geproduceerd: een geoefend lichaam dat onderworpen is aan en zich plooit naar de eisen van de school, het leger, de gevangenis, de samenleving. Ook Foucault claimt dat het lichaam door de dressuur eerder meer dan minder 'natuurlijk' wordt. De dressuur doet immers niets anders dan de natuurlijke krachten van het lichaam maximaal benutten.[9]

Maar die 'natuurlijkheid' is in feite een vorm van dociliteit: het lichaam wordt dociel, gehoorzaam, gemaakt. Het wordt onderworpen aan krachten die maximaal profijt uit het lichaam trachten te halen. Foucault beroept zich op *Het Kapitaal* van Karl Marx om te laten zien dat lichamen onder invloed van de technieken van ritme en regelmaat tot radertjes in een machine worden omgevormd. In de achttiende eeuw ontstaat 'een militaire droom van de samenleving', zo schrijft hij, die 'niet de staat van de natuur als fundamentele referentie had, maar de zorgvuldig onderworpen radertjes van een machine; niet het primitieve contract, maar permanente vormen van dwang; niet fundamentele rechten, maar onbepaald voortgaande vormen van dressuur; niet de algemene wil, maar de automatische dociliteit.'[10]

Dressuur bestaat hier kortom uit een onderwerping van het menselijke lichaam aan permanente dwang en voortdurende trainingen die bedoeld zijn om het lichaam tot een dociel radertje in een machine te maken. Maar daar blijft het niet bij, ook de geest wordt onderworpen aan deze 'militaire' dressuur, zo blijkt uit het vervolg van het boek. De gevangene leert onder invloed van de dresserende krachten om zichzelf als afwijkend te zien en zichzelf te onderwerpen aan krachten die hem tot een beter mens maken.

Ontsnapping aan deze alom aanwezige drang tot dressuur is binnen de beschrijving die Foucault in *Surveiller et punir* geeft, niet mogelijk. De dresserende machtswerkingen zijn overal aanwezig. Ze zijn bovendien tot op zekere hoogte anoniem. De tijdtabellen van onderwijs, vervoer, ziekenhuizen of werk zijn het product van een veelheid aan (anonieme) actoren. En elk van ons werkt steeds weer mee aan de handhaving van die tijdtabellen. Zelfs als we de tijdtabellen weigeren, door bijvoorbeeld niet op school te verschijnen, bevestigen we het belang van de tabellen: de spijbelende scholier wordt gestraft, waardoor de anderen en hijzelf weer weten dat er aan de bestaande schooltijden niet te tornen valt.

De onmogelijkheid om aan de dressuur te ontsnappen riep kort na publicatie van *Surveiller et punir* al ergernis bij lezers op. In *NRC Handelsblad* van 1976 schrijft jurist Jacqueline Soetenhorst-de Savornin Lohman: ‘Mijn belangrijkste bezwaar betreft de uitzichtloosheid van Foucaults boodschap. Als de voorwaarden van onze levensinhoud al vastliggen in de struktuur, zijn wij niet meer dan marionetten.’ Ze verwijt Foucault dat hij vergeet dat het in het leven niet alleen om de disciplinerende werking van kennis en macht gaat, maar ook om het ‘savoir-vivre’, het weten hoe te leven.[11]

Zelfdressuur

Wat Soetenhorst toen niet kon weten, is dat juist dat ‘savoir-vivre’ het hoofdthema zou worden van *L'usage des plaisirs* dat kort voor Foucaults dood in 1984 zou verschijnen.

Foucault maakt eind jaren zeventig een sprong in de tijd: hij verlegt zijn aandacht naar de Griekse cultuur van de vierde eeuw voor Christus. Daar treft hij een cultuur waarin de vrije burgers aan zichzelf werkten en zichzelf wilden veranderen, zonder dat het door anderen werd opgelegd. De zelfdiscipline die hij aantreft kwam niet voort uit gehoorzaamheid aan een bestaande orde, maar uit aandacht voor zichzelf, aandacht voor het eigen lichaam en aandacht voor de omstandigheden waarin men verkeerde. De vraag ‘Hoe kan ik mezelf vormgeven?’ was richtinggevend voor de verplichtingen die men zichzelf oplegde.

Medische en filosofische boeken leverden de kennis die nodig was om verstandig te reageren op de omstandigheden. Ze bevatten voorschriften omtrent voeding, drank, seks (onbeperkt in de winter, matig in de zomer), slaap en oefeningen. Compensatie en nabootsing waren belangrijke principes in deze ‘diëtetiek’: een koud seizoen werd gecompenseerd door een warm dieet en onbeperkte seks; een warm seizoen door een verkoelend dieet en beperkte seks. In het milde voorjaar werd een licht dieet voorgeschreven en een krachtige winter vroeg om krachtige mensen die zich moedig aan de koude blootstelden.[12]

De Griekse diëtetiek, of leer van de gedragsregels, vraagt van het individu geen gehoorzaamheid, maar een doordachte aandacht: aandacht voor zichzelf, het lichaam en de omstandigheden – dat wil zeggen aandacht voor het klimaat, de seizoensritmes en het uur van de dag. De diëten geven geen verboden of toestemmingen, maar schrijven een voortdurende schommeling tussen meer en minder voor, die past bij de ritmes van de seizoenen, van het weer, de dag of de leeftijd.

De oud-Griekse burger, die Foucault ons presenteert, besteedde actief aandacht aan zichzelf, aan zijn lichaam en aan de omstandigheden; hij bepaalde hoe hij zich tot zichzelf wilde verhouden en besloot op grond daarvan aan welke regels en oefeningen hij zichzelf wilde onderwerpen om de beoogde verandering dichterbij te brengen.[13] Zich onderwerpen aan zelfgestelde regels en het bij herhaling aan zichzelf werken zijn de belangrijkste ingrediënten van de oud-Griekse diëtetiek. Het doel is niet om het leven zo lang mogelijk te rekken of om zo groot mogelijke prestaties te leveren, maar om het 'binnen de grenzen die eraan zijn gesteld nuttig en gelukkig te maken'.[14]

De diëtetiek mag dan een ander doel hebben dan de moderne dressuur, de voorschriften voor de indeling van de dag verschillen opmerkelijk weinig van die van de moderne dressuur. Over de gedragregels (het 'dieet') die de Grieken zichzelf stelden met betrekking tot de voedingsmiddelen, de dranken, de slaap, de oefeningen en de seksuele omgang, schrijft Foucault:

> Als we het dieet uitvoerig bekijken, krijgt het de allure van een ware tijdsbesteding: zo volgt het dieet dat Diocles voorstelt van minuut tot minuut het verloop van een gewone dag, vanaf het ontwaken via de allereerste oefeningen, het wassen van lichaam en hoofd, de wandelingen, de privé-activiteiten en het gymnasium, het middagmaal en het middagslaapje, daarna opnieuw een wandeling en het gymnasium, de zalvingen en wrijvingen tot aan het avondmaal en het inslapen.[15]

De analogie tussen de regels van Diocles (na Hippocrates de bekendste arts uit de oudheid) en de regels die Faucher opstelde voor de jeugdgevangenis doet vermoeden dat er niets nieuws onder de zon is: de roep om te leven naar vaste ritmes, vastgelegd in tijdtabellen, is van alle tijden.

Toch ziet Foucault een groot verschil tussen de moderne tijdtabellen die vanaf het einde van de achttiende eeuw in gevangenissen, scholen en het leger worden opgesteld en de tijdregels die in de antieke medische en filosofische boeken zijn opgetekend. De moderne tijdtabellen zijn codes of voorschriften waaraan mensen onder drang of dwang worden onderworpen. De oud-Griekse regels zijn richtlijnen of instrumenten die kunnen worden gebruikt om verstandig te reageren op de omstandigheden waarin men leeft. Foucault zelf heeft geen tijd van leven gehad om het idee van een diëtetiek waarin mensen hun voeding, slaap, seks, dagelijkse oefeningen en drankgebruik aanpassen aan de omstandigheden te vertalen naar het heden. Dat is jammer, want een van de problemen die in de vertaling naar nu zichtbaar wordt, is dat de omstandigheden van toen niet de omstandigheden van nu zijn. De in de antieke diëtetiek voorgeschreven schommelingen van meer en minder (meer en minder slaap, seks, voeding etc.) zijn afstemmingen op het dag-en-nachtritme en de ritmes van de seizoenen, kortom op de ritmes van de kosmos. Dat het in die tijd verstandig was om naar de kosmische ritmes te leven, zal niet verbazen. Die ritmes zijn onveranderlijk, dus wat lag er meer voor de hand dan zichzelf te plooien naar die ritmes? Maar tegenwoordig kunnen we die natuurlijke ritmes op heel andere manieren dan via het dieet compenseren: we zetten de verwarming aan, laten 's nachts het licht branden en eten zomer en winter dezelfde producten.

De angel lijkt daarmee uit de zelfdressuur te zijn gehaald. De noodzaak om zichzelf te trainen en te veranderen vervalt immers wanneer we de omstandigheden technologisch naar onze hand kunnen zetten? Ook zonder zelfdressuur, zonder schommelingen van meer en minder, en zonder onszelf te veranderen overleven we prima. Toch zijn er goede redenen aan te voeren waarom zelfdressuur ook nu van belang kan zijn:

Ten eerste *gezondheid*. De tegenwoordige biologie laat overtuigend zien dat leven naar het dag-en-nachtritme en de seizoensritmes de gezondheid ten goede komt. Die kennis kan reden zijn om zichzelf te disciplineren om naar die ritmes te leven. Of om dat nu eens wel, dan weer niet te doen. Die zelfdressuur zal de vorm hebben van een conditionering: wie zichzelf traint om op een vast tijdstip naar bed te gaan en op te staan, past zichzelf langzaam maar zeker geheel aan dat ritme aan. Ook zonder wekker worden het lichaam en de geest dan op vaste tijdstippen wakker en moe. Die dressuur wordt tot op heden ook door anderen opgelegd, zoals door de werkgever, de school of de sluitingstijden van uitgaansgelegenheden. Door het toenemend aantal zelfstandig werkenden en de flexibilisering van werk-, school- en uitgaanstijden zal echter een steeds groter aantal mensen op zichzelf aangewezen zijn als het om de ritmiek in hun bestaan gaat.

Ten tweede *plezier.* Naarmate de 24-uurssamenleving meer realiteit wordt, neemt het risico dat we ons gaan vervelen toe. De dressuur van de 24-uurseconomie verandert ons in mensen die flexibel werken, zorgen en consumeren; die de dagelijkse handelingen en verplichtingen goed op elkaar en op hun lichaam weten af te stemmen en zo hun tijd maximaal benutten. Maar als we alles op elk moment van de dag, de week of het jaar kunnen doen, worden de dagen on-verschillig. Het verschil tussen de ene of de andere dag, het ene of het andere seizoen of de ene en de andere levensfase valt weg. 'Steeds onverbiddelijker ademt de leegte ons in het gezicht' schrijft filosoof Awee Prins in zijn indrukwekkende studie naar de verveling.[16] Die leegte is ontstaan door de overmaat, het is het 'ongeluk van het geluk' dat alles op elk moment voorhanden is.

Het hervinden van plezier in alledaagse gebeurtenissen en dingen kan een goede reden zijn om zichzelf te disciplineren tot de aloude schommeling van meer en minder. De afwisseling van dagen met veel werk, vrije tijd, eten, seks of drinken met dagen waarop we dat alles minder doen, verhoogt de kwaliteit van die bezigheden. En ook de afwisseling tussen tijden van strakke regelmaat en ongeregelde tijden is een goede remedie tegen de verveling.

Ten derde *vriendschap, liefde of andere verbintenissen.* Een belangrijk effect van de moderne dressuur was dat iedereen alles tegelijk deed: gevangenen stonden tegelijk op en gingen tegelijk naar bed, kinderen voerden alle opdrachten tegelijkertijd in de klas uit, en heel Nederland zat tegelijkertijd aan de avondmaaltijd. Nu die dressuur wegvalt en mensen zelf hun tijd kunnen indelen, kost het meer moeite om vrienden, geliefden, kinderen en collega's 'spontaan' te ontmoeten. De van boven opgelegde 'spontane' ontmoeting heeft plaatsgemaakt voor de wederzijdse afspraak.

Het belang dat we hechten aan verbintenissen met anderen kan een goede reden zijn om zichzelf tot een vast dag- of weekritme te disciplineren, om bijvoorbeeld de zondag te reserveren voor gezin, familie of vrienden, 's avonds op een vast tijdstip te stoppen met werken, altijd met collega's te lunchen of op de woensdagmiddag zelf voor de kinderen te zorgen.

Deze lijst met goede redenen kan naar believen worden uitgebreid met bijvoorbeeld een waardering voor stilte, welvaart, voortreffelijkheid of rechtvaardigheid, die allen eveneens een goede reden kunnen zijn om zichzelf te dresseren en te veranderen.

Betekent dit nu dat zelfdressuur het ultieme antwoord is op de vraag naar welke ritmes we het beste kunnen leven? Moet elk individu zelf bedenken hoe hij of zij zich, met het oog op de doelen die hij zich stelt en de waarden die hij aanhangt, verstandig verhoudt tot de ritmes van zichzelf, de ritmes van zijn lichaam en de ritmes van de eigen omgeving? En moet hij of zij vervolgens zelf besluiten welke ritmische oefeningen nodig zijn om dat te bereiken?

In de vertaling van het oud-Griekse 'werken-aan-zichzelf' naar het heden kunnen we er niet omheen dat we in de huidige fase van de geschiedenis door en door gedresseerd zijn. We leven in een mensenpark, om met Peter Sloterdijk te spreken.[17] Van geboorte tot de dood worden we gedresseerd om op bepaalde manieren te gebaren, te bewegen en te handelen. Hoe sceptisch we ook mogen zijn over die dressuur, de ruimtelijke en temporele middelen om die dressuur te handhaven zullen voorlopig niet verdwijnen. Voor Foucault zou die constatering waarschijnlijk reden zijn om de dressuur van buiten zoveel mogelijk te weerstaan of te weigeren, en zich nog meer te vertrouwen op de zelfdisciplinering. Maar dan overschat hij de kracht van de zelfdressuur, zeker als het over ritmes gaat. Je kunt als avondmens nog zo gedisciplineerd weigeren om vóór twaalf uur 's ochtends op te staan, de omgeving – kinderen, buren, geliefden, school, postbode, werkgever – zal je steeds weer dwingen om je te conformeren aan het ritme van de ochtendmens. Zo schrijft filosoof Marjolijn Februari in een column: 'Het is zonder twijfel het meest onderschatte maatschappelijke en economische probleem van onze tijd dat de wereld wordt geregeerd door ochtendmensen.'[18]

Foucault houdt ook te weinig rekening met de interactie tussen enerzijds de zelfdressuur en anderzijds de dressuur van buiten. In feite is de dressuur van buiten in onze tijd een omgevingsfactor geworden, waar we ons verstandig toe kunnen verhouden. Anders dan bij de natuurlijke omstandigheden van de Grieken, kunnen wij nu die omstandigheden wel proberen te veranderen. We kunnen, zo stelt Sloterdijk voor, de dagelijkse dressuur ook tot onderwerp van reflectie maken en waar nodig aanpassen aan wat we op dit moment waardevol achten. 'Mensen zijn zelfkoesterende, zelfbeschermende wezens, die – waar ze ook leven mogen – een parkachtige ruimte om zich optrekken. In stadsparken, nationale parken, regionale parken, ecoparken – overal moeten mensen zich een mening vormen hoe hun zelfbetrekking is te regelen.'[19]

Het voordeel van Sloterdijks voorstel is dat het ruimte laat om ook de wisselwerking tussen beide vormen van dressuur te onderzoeken. Zo is bijvoorbeeld de drempel om zichzelf te disciplineren tot een moment van rust halverwege de werkdag lager in een werkomgeving waar een gezamenlijke lunchruimte en -tijd bestaat. Wanneer die ontbreken valt het mensen lastiger om rust te nemen. Andersom kan een zelfopgelegde discipline om rustig te lunchen anderen aanzetten om dat ook te doen, wat weer tot afspraken over een vaste lunchruimte en -tijd kan leiden, waardoor nog meer collega's zich aanwennen om gezamenlijk te lunchen.

Op dit moment zien we echter het omgekeerde gebeuren: naarmate het gewoner wordt om niet te lunchen tijdens het werk, nemen steeds minder mensen het initiatief om die rust wel te nemen.

Lekker snel. En lekker langzaam.

Voorstellen ter overweging

Het belangrijkste voorschrift dat we via Foucault uit de Griekse oudheid meekrijgen is dat van een periodieke, op de ritmes van de omstandigheden afgestemde schommeling tussen meer en minder. Nu de ritmes van natuurlijke omstandigheden nauwelijks nog van belang zijn voor de overleving, staan we voor de keuze om die ritmiek al dan niet uit het bestaan te laten verdwijnen. Maar in feite is een ritmeloos bestaan geen optie. Aritmie, zo leert de biologie, geneeskunde, psychologie en filosofie, leidt tot chaos, verveling en pathologie. Een ritmische afwisseling tussen meer en minder blijkt ook om andere redenen dan de pure overleving van levensbelang. Zelfs in de moderne dressuur zit die ritmiek ingebakken: we worden van jongs af aan geconditioneerd om activiteit en rust gedurende de dag, de week, het jaar en het leven af te wisselen. Speelkwartieren op school, koffiepauzes op het werk, het vrije weekend, verplichte vakanties, zwangerschapsverlof en pensioen conditioneren ons om op gezette tijden rust te nemen, om er daarna weer volop tegenaan te kunnen.

De afwisseling tussen meer en minder heeft alles met energie te maken. Een van de 'evenwichtsbeginselen' van Diocles is dat het voor de gezondheid belangrijk is 'de kracht van ons lichaam niet door een andere kracht te laten verminderen.[1] De energie die het lichaam verbruikt in een bepaalde activiteit, of het nu om werken, seks of sporten gaat, kan alleen worden gecompenseerd door op een ander moment matig te zijn of rust te nemen.

Als individu kunnen we uit het evenwichtsbeginsel leren dat het voor de gezondheid, het plezier en de energie goed is om activiteit en rust regelmatig af te wisselen. Als samenleving is het van belang om de ritmische randvoorwaarden, die nodig zijn om die afwisseling als individu voor elkaar te krijgen, op een democratische en doordachte manier vorm te geven. Een blauwdruk voor die ritmische randvoorwaarden valt niet te geven, omdat het een proces van uitproberen is. Maar er zijn wel voorstellen te doen:

Een pauze halverwege de werkweek

Vijf dagen achter elkaar werken vormt, zeker in combinatie met zorgtaken, voor velen een zware belasting. Het is denkbaar dat een werkweek van twee keer tweeënhalve dag, van maandag tot en met woensdagochtend en van donderdag tot en met zaterdagochtend, beter uitpakt dan de vijfdaagse werkweek. Een rustmoment midden in de week kan de energie geven om zich de overige dagen voor 100 procent in te zetten.

Een pauze halverwege de week zorgt ook voor een verandering van blikrichting halverwege de week. Maandag, dinsdag en woensdag zijn dan de dagen na de zondag; donderdag, vrijdag en zaterdag zijn de dagen vóór de zondag. Die manier van naar de week kijken lijkt op de manier waarop in het joodse geloof de zondag, maandag en dinsdag de dagen na de sabbat en de woensdag, donderdag en vrijdagen de dagen vóór de sabbat zijn.[2]

Het voorstel voor een pauze halverwege de week staat haaks op het voorstel om de vrije woensdagmiddag op te heffen. Voorstanders van een volcontinue week verwachten dat ouders werk en kinderen dan beter kunnen combineren. Maar voor kinderen wordt de schoolweek minder afwisselend. De woensdagmiddag verandert van een speciale middag, met feestjes, clubjes of urenlang spelen, in een middag als alle andere.

Vaste maal-tijden

Vaste tijdstippen voor ontbijt, lunch en avondeten lijken beter te zijn voor de energiehuishouding, de gezondheid, het levensplezier en sociale bindingen dan eetgewoontes waarin geen enkel ritmisch patroon zit. De populariteit van kookrubrieken en kookprogramma's onderstreept het belang dat velen hechten aan een goed avondmaal met vrienden of familie. En een gezamenlijke lunchpauze op het werk voorkomt dat mensen aan het einde van de dag doodmoe thuiskomen. De realisering van vaste lunchpauzes staat of valt met de bereidheid van de werkgever om daar tijd en – belangrijk! – ruimte voor in te richten.

Vaste ritmes in wat er wordt gegeten, voorkomen dat we elke dag opnieuw boodschappen moeten doen. In *Nigella Express. Lekker snel. Lekker snel. Lekker snel* vertelt de Britse kookboekenschrijfster Nigella Lawson over haar grootmoeder die een kookschema had waarvan niet werd afgeweken. Ook zonder agenda wist Lawson, door wat er 's avonds werd gegeten, welke dag van de week het was. Hoewel ze haar kinderen niet graag zo'n eentonig programma zou voorzetten, acht ze een beetje ordening wel wenselijk: 'Eigenlijk denk ik zelfs dat dat eerder tot meer dan tot minder variatie leidt. Ik vind het niet prettig om te moeten bekennen hoe vaak mijn kinderen 's avonds pasta met pesto of een gehaktprutje krijgen, omdat ik eraan gewend ben om als een vrije geest in de keuken te leven.' Ze adviseert om bij het maken van boodschappenlijstjes wat vaker in de herhaling te vervallen.[3]

Roosters voor ochtend- en avondmensen

Werkgevers zouden werknemers een aantal vaste roosters kunnen aanbieden, zodat ze enerzijds de keuze hebben over begin- en eindtijden van het werk, maar anderzijds aan de eenmaal gemaakte keuze vastzitten. Het voordeel daarvan is dat collega's weten wie er wanneer is. Ochtendmensen kunnen vroeg beginnen, avondmensen later. Ook scholen en kinderopvang zouden met twee roosters kunnen werken, een vroege en een late shift zo te zeggen. Dat helpt werkende ouders om een eigen rooster op te stellen waarin de verschillende tijden goed op elkaar zijn afgestemd.

Geen status aparte voor pubers

Pubers leven gewoonlijk niet alleen. Ze maken deel uit van een gezin, maar ook van een samenleving, waarin ritmes van school, maaltijden, vervoer, onderwijs en werk op elkaar moeten worden afgestemd. Het voorstel om schooltijden aan te passen aan het bioritme van pubers, door later te beginnen en later op te houden, geeft pubers de vrijheid om nog later naar bed te gaan, met het risico dat ze andere gezinsleden wakker houden. Ze zullen ook pas opstaan als de anderen al ontbeten hebben en naar school of werk zijn vertrokken. Het lijkt verstandiger om voor pubers goede en werkbare mengsels te bedenken tussen 'natuurlijke' bioritmes en sociale ritmes. Ook bioritmes zijn veranderlijk, naarmate pubers volwassener worden, worden ze stabieler.[4]

Vaste accudagen

Het behoud van gezamenlijke 'accudagen', de zondag of zaterdag, garandeert een wekelijks moment van rust, waarin we ons opladen om de dagen erna weer actief te zijn. Wanneer accudagen vervuild raken met werkverplichtingen, en we het geheel van de zelfdiscipline moeten hebben om het werk op die momenten buiten de deur te houden, is de kans om afgebrand te raken groot.

Minder en meer gedurende het hele werkende leven

Wat de indeling van het leven betreft, valt te denken aan loopbaanregelingen die zorgen dat mannen minder vroeg in hun leven al aan de top van hun kunnen staan. Dat zou voor hen een stimulans kunnen zijn om tussen hun 25ste en 40ste meer tijd aan zorg en huishouden te besteden en het voorkomt dat ze op hun vijftigste geen perspectief meer hebben. Aan vrouwen geeft dat de ruimte om na de vruchtbare periode gelijkwaardig mee te draaien.

Het stimuleren van grote parttime banen (28-34 uur per week), ook voor mannen, zal ertoe bijdragen dat mannen en vrouwen gemakkelijker een gezamenlijk rooster creëren waarin beiden werk en zorg kunnen combineren. Nu al blijkt dat paren met ieder een grote parttime baan wat minder stress ervaren dan stellen van wie de één een voltijd- en de ander een kleine deeltijdbaan heeft.[5]

Het vieren van multireligieuze feestdagen

Gezamenlijke feestdagen zouden meer kunnen worden gebruikt om de feesten van alle religies en gezindten te vieren. De dominantie van de christelijke feestdagen in een steeds verder ontkerkelijkte samenleving geeft een ophoping van feestdagen in de maanden december, april, mei en juni, en een vrijwel ontbreken van feestdagen in de zomer en het najaar. Voor de democratie in een multiculturele en multireligieuze samenleving, maar ook voor onze energiehuishouding, zou het verstandig zijn om de planning van feestdagen door het jaar heen eerlijker te verdelen. Laten we een commissie van feesten en feestdagen instellen om hieraan vorm te geven.

Dit soort nieuwe sociale ritmes of hernemingen van oude ritmes zijn niet individueel en ook niet in één keer te bereiken; ze zullen in overleg met werkgevers, vakbonden, overheid, scholen, maatschappelijke en religieuze organisaties, partner en kinderen geleidelijk tot stand moeten komen. Daarbij gaat het steeds om het uitdenken en experimenteren met ritmische randvoorwaarden die mensen in staat stellen om rust en activiteit, matigheid en onmatigheid, periodiek af te wisselen en om eigen, verstandige, mengsels van bioritmes en omgevingsritmes te maken.

Vrijheid en discipline staan hierin niet tegenover elkaar, maar maken elkaar mogelijk: de vrijheid om je te buiten te gaan aan overdadig eten, drinken of andere geneugten wordt mogelijk gemaakt door op een ander moment sober te zijn. De vrijheid die de zondagsrust geeft, wordt mogelijk gemaakt door de drukte op zaterdagavond. En de vrijheid waarmee de vrouw in het verhaal van Kundera (waarmee het vorige hoofdstuk opende) naar de zweminstructeur zwaait, heeft ze te danken aan de dressuur waaraan ze als jong meisje onderworpen werd.

In de ritmes waarmee we ons huiselijke of maatschappelijke mensenpark inrichten, komen discipline en vrijheid steeds samen: de ritmiek die we kiezen neemt de disciplinerend werking over, zodat we in vrijheid onze gang kunnen gaan.

De bovenste verdieping

Ritme en de terugkerende tijd

In *Een essay over tijd* vertelt Norbert Elias het verhaal van een groep mensen die een zeer hoge, hun onbekende toren betrekken. De eerste generatie komt niet verder dan de vijfde etage, de tweede generatie reikt al tot de zevende, en elke volgende generatie zoekt het weer hoger op. Uiteindelijk belanden ze op de honderdste etage. Dan stort het trappenhuis in. De mensen op de bovenste verdieping hebben daar geen last van, ze leven gewoon door. In de loop der tijd vergeten ze zelfs dat er lagere etages waren die door eerdere generaties werden bewoond. Ze bezien de wereld vanaf hun verdieping zonder te weten hoe ze daar zijn terechtgekomen. 'De voorstellingen die ze zich vanuit het perspectief van hun verdieping maakten, hielden ze zelfs voor algemeen menselijke voorstellingen', besluit Elias zijn verhaal.[1]

Elias laat met dit verhaal zien dat ons tijdsbesef in een cumulatief, sociaalevolutionair proces tot stand is gekomen. De wijze waarop wij nu tijd ervaren, staat op vele eerdere verdiepingen, waarin de generaties vóór ons hun ervaringen en kennis gebruikten om tot een specifiek tijdsbesef te komen. Die verdiepingen zijn grotendeels uit het zicht verdwenen. Wij weten alleen hoe we zelf naar tijd kijken. Dat lijkt ons ook de enige manier. Daardoor is het moeilijk voorstelbaar dat generaties vóór ons andere tijdsopvattingen hadden. En dat ook de generaties na ons weer een ander begrip van tijd zullen hebben.

Wat voor tijd geldt, geldt ook voor ritme. Als bewoners van de bovenste verdieping zijn we vergeten dat de ritmes die het alledaagse bestaan hier en nu vormgeven, eveneens in een vele generaties omspannend proces zijn ontstaan. Het merendeel van de ritmes waar we naar leven, ervaren we als zo normaal, dat ze eerder natuurlijk lijken dan aangeleerd. Pas wanneer we het verleden uit de vergetelheid halen, krijgen we oog voor de ingenieuze oplossingen die eerdere generaties hebben bedacht voor het probleem van de tijd – een probleem dat in tegenstelling tot wat we vaak denken van alle tijden is.[2]

De generaties voor ons zijn er op velerlei manieren in geslaagd om zeer verschillende verschijnselen met elkaar te verbinden. Het heeft meer dan duizend jaar geduurd om een kalender te ontwikkelen die wereldwijd kan worden gebruikt. Van generatie op generatie is er geschaafd om tot een indeling van het jaar te komen waarin natuurlijke, religieuze, sociale, economische en educatieve elementen goed op elkaar zijn afgestemd. Ook in de uitvinding van zo iets gewoons als een stoplicht zien we een ingenieus samengaan van ritmes van langzaam en gemotoriseerd verkeer, van oude en jonge verkeersdeelnemers en van ochtend- en avondspits.

Aandacht voor de ritmische oplossingen, die eerdere generaties hebben gevonden om te (over)leven in een steeds complexer wordende wereld, kan ook nu helpen om tot slimme oplossingen te komen voor de tijdsproblemen waar we voor staan. Een van de belangrijkste lessen die we uit het verleden kunnen trekken is dat *geordende periodieke afwisseling*, oftewel ritmiek, een noodzakelijk ingrediënt is om te overleven, gezond te blijven, te genieten en betekenis te ervaren.

In religieuze samenlevingen bestond, en bestaat, die afwisseling uit de onderscheiding tussen profane en sacrale tijden, tussen het alledaagse en onalledaagse. De ruimtelijke en temporele scheiding tussen beiden hielp om met volle aandacht bij het sacrale of profane aanwezig te zijn.

De afwisseling kan ook bestaan uit een heen en weer bewegen tussen regelmaat en ongeregeldheid, tussen het Apollinische en Dionysische. De regelmaat van alledag draagt bij aan de gezondheid, de veiligheid en het welzijn. Maar te veel regelmaat leidt tot eentonigheid. Eerdere generaties doorbraken die eentonigheid door middel van periodiek terugkerende feesten: het exces, het gevaar en de onmatigheid werden gevierd tijdens het carnaval, in de viering van Oud en Nieuw of andere rituele feesten. Ook nu nog worden dat soort feesten gevierd, al was het maar omdat na de ontlading van het exces de rust en regelmaat weerkeert.

De afwisseling kan ook een spanning inhouden tussen lineaire en cyclische ritmes. Anders gezegd, tussen mechanische en natuurlijke ritmes. Die spanning kan niet alleen een goed ritme aan de seksualiteit geven, zoals we in de vertelling van Giphart zagen, maar ook aan de inrichting van de stad, aan het ontwerp van een curriculum voor studenten of aan de uitvoering van een dans.

Periodieke afwisseling

Wat is het voordeel om ritmes in te brengen in het alledaagse bestaan?

Om te beginnen is periodieke afwisseling goed voor de energiehuishouding. Wie alleen maar stil zit, heeft op den duur nergens energie meer voor. Maar ook wie alleen maar rent, en nooit stilzit, raakt ten slotte alle energie kwijt. Hij raakt letterlijk opgebrand. Energie blijft behouden als we activiteiten waarin we energie verbruiken afwisselen met rust of bezigheden waarin we energie opdoen. Geschriften uit de Griekse oudheid, zoals beschreven door Foucault, leerden al dat energieverlies kan worden gecompenseerd door een moment van herstel in te lassen. Door de batterij weer op te laden, zouden we nu zeggen.

Hard werken, ons haasten, duizend dingen tegelijk doen kan een prettig soort energie geven, mits we dat afwisselen met pauzes waarin lichaam en geest kunnen herstellen. De slaap zorgt voor regeneratie van de hersenen, de stofwisseling en het immuunsysteem. Een rustige avond helpt om een streep onder de stress van de dag te zetten. De lunch geeft ademruimte tussen drukke werkzaamheden. De wekelijkse accudag helpt om afstand te nemen van de dagelijkse beslommeringen. En in de pauze in een schrijfproces kunnen we ideeën laten rijpen.

Periodieke afwisselingen hebben ook het voordeel dat ze betekenis geven aan het bestaan. De markering van uren en dagen – als werkdag, als accudag of als het wekelijkse borreluur – en de herhaalde viering van deze momenten geven het leven betekenis.

Eenmaal gemarkeerd weten we wat ons wanneer te doen staat. Hooguit zullen we de rituelen die met de markeringen gepaard gaan zo nu en dan bijstellen.

Die periodieke viering van gemarkeerde momenten kan een goede remedie zijn tegen de sleur die door flexibilisering van tijden kan ontstaan. Markeringen in de tijd kunnen het risico dat alle dagen hetzelfde worden op termijn wellicht ondervangen. In de praktijk zou dat kunnen betekenen dat een werknemer altijd bereikbaar is, maar niet op donderdagochtend, omdat dat het moment is waarop hij met zijn vrienden sport.

Daarnaast geeft ritmische afwisseling een gevoel van continuiteit. Door bijzondere momenten te hernemen in een nieuw moment rijgen we een eigen geschiedenis aaneen. We doorbreken de alledaagsheid door bij herhaling een bijzonder moment te vieren: een geboortedag, een sterfdag, een trouwdag of dag waarop het 'aan' raakte, het moment waarop we ontslag namen of het moment waarop we besloten te stoppen met roken. Het ritme waarin we momenten hernemen is doorslaggevend voor wie we zijn.

Tot slot doen zich in de herhaalde afwisseling nieuwe kansen voor. Stel, een man in de trein aarzelt of hij de vrouw die tegenover hem zit zal aanspreken. Hij weet dat hij over vijf minuten moet uitstappen. Wie weet is dit zo'n moment waarvan hij achteraf zal zeggen dat het leven toen een beslissende wending nam. Maar hoe bijzonder is zo'n moment? Wanneer hij de vrouw zou aanspreken, kan dat moment het gewone bestaan inderdaad doorbreken, maar zo'n moment komt niet uit het niets. Het moment dat zich nu aandient bestaat niet zonder eerdere, vergelijkbare momenten. Elk moment is een hernemen van eerdere momenten, een opnieuw beginnen van wat er eerder al was, maar niet werd afgemaakt, of toen onmogelijk leek.

Ook aan de ontmoeting van vandaag zijn eerdere liefdes of gevoelens van liefde voorafgegaan. Eerdere momenten waarin de man hoopte de ware tegen te komen. Zonder die momenten zou de ontmoeting van dit moment onmogelijk zijn geweest. Wanneer hij dit moment aangrijpt, worden die eerdere liefdes in dit moment hernomen.

Toch betekent de bijzonderheid van het moment niet dat we het moment altijd moeten pakken als het zich aandient. Hoe gangbaar het in de hedendaagse cultuur ook is om te denken dat we het wel kunnen vergeten als we die ene kans voorbij laten gaan, in de herhaling doen zich altijd weer nieuwe kansen voor. Als de man de vrouw vandaag niet aanspreekt, doet hij dat een volgende keer misschien wel. Het kan zelfs zijn dat zij bij een tweede of derde ontmoeting meer bereid is tot een gesprek dan de eerste keer.

Wat is het ritme?

Mensen die liever vooruitkijken dan omzien zullen dat hernemen van eerdere momenten interpreteren als een nostalgie naar eerdere tijden. Dat verwijt is kortzichtig. De vooruitkijkers willen ons doen geloven dat vernieuwing alleen in de toekomst is aan te treffen. Ze zien niet in dat juist herneming tot vernieuwing leidt.

Ook in het hernemen van oude ritmes gaat het niet om een exact kopiëren ervan, maar om een hernieuwd toe-eigenen waardoor zowel de betekenis van de ritmes als de wijze waarop ze worden toegepast, worden veranderd. Bovendien hoeven we ons in de zoektocht naar leefritmes die passen bij het hedendaagse bestaan niet te beperken tot oude ritmes, we kunnen net als onze voorouders met nieuwe ritmes experimenteren. Hoe zou het bevallen om, in plaats van één, twee keer in de week een vast moment van rust te nemen? Om niet meer de hele dag maar alleen 's avonds *online* te zijn? Of om in plaats van Hemelvaart het Suikerfeest te vieren?

Ongemerkt zal er in dat hernemen van oude ritmes en het experimenteren met nieuwe ritmes ook een nieuw begrip van tijd ontstaan. Er zullen nieuwe instrumenten worden uitgevonden waarmee we de tijd bepalen en afspraken met elkaar maken. Het gevolg kan zijn dat de klok zoals wij die kennen op een bepaald moment minder belangrijk wordt.

Wellicht willen nieuwe generaties liever dan de tijd weten wat het ritme is.

Notities

Notities bij *Tussen de linker- en de rechterschoen*

1 Herzberg, J., Elke ochtend. In: Herzberg, J. *Dagrest.* Amsterdam: G..A. van Oorschot, 1984, p. 45.

2 Whitman, W. *Leaves of Grass. Grasbladen.* Vertaald door 22 dichters. Amsterdam: Em. Querido's Uitgeverij, 2005/1855, p. 191.

3 Goudsblom, J. *Het regime van de tijd.* Amsterdam: Meulenhoff, 1997, p. 78.

4 Er zijn aanwijzingen dat de joodse sabbat al in de zesde eeuw voor Chr. werd gevierd. Zie Zerubavel, E. *Hidden rhythms. Schedules and Calendars in Social Life.* Berkeley/Los Angeles//London: University of California Press, 1981, p. 106. De Arabische zevendaagse week is mogelijkerwijs al in de zevende eeuw voor Chr. ontstaan. Zie: El Guindi, F., *By Noon Prayer. The Rhythm of Islam.* Oxford/New York: Berg, 2008, p. 101. De christelijke viering van de zondag is van later datum. Zie: McCrossen, A. Sunday. Marker of Time. Setting of Memory. *Time & Society* 2005; 14(1); 25-38.

5 Foucault, M., *Surveiller et punir. Naissance de la prison.* Paris: Gallimard, 1975, p. 152.

6 Cloïn, M., Schols, M., Van den Broek, A., m.m.v. Koutamanis, M. *Tijd op orde?Een analyse van de tijdsorde vanuit het perspectief van de burger.* Den Haag: Sociaal en Cultureel Planbureau, 2010, p. 10.

7 I.J., Studeren tot middernacht in UB. *Erasmus Magazine* 10 maart 2011, p. 9. UB's elders in het land zijn veelal eerder gesloten.

8 Sabelis, I.H.J., The clock-time paradox. Time regimes in the network society, In: Hassan, R., Purser, R.E., (eds.) *24/7. Time and temporality in the network society.* Stanford: Stanford Business Books, pp. 255-277.

9 Ik dank dit voorbeeld aan Pim Breebaart. Zie Breebaart, P., Dat werd tijd! Introductie. In: Huijer, M. *Je hebt meer tijd als je denkt.* Intreerede. Den Haag: De Haagse Hogeschool, 2008, pp. 5-9.

10 Elias, N. *Een essay over tijd.* Vertaling G. van Benthem van den Bergh. Amsterdam: Meulenhoff, 1985/1982, p. 12 e.v..

11 Elias omschrijft het woord 'tijd' als: 'een symbool voor een verband dat een groep wezens met het vermogen tot herinnering en synthese legt tussen twee of meer continua van veranderingen, waarvan er één door hen gebruikt wordt als referentiekader of maatstaf om het andere (of de andere) te meten' (Elias, o.c., p. 16). Het begrip 'synthese' staat voor 'het algemene vermogen om gebeurtenissen met elkaar te verbinden'; het begrip 'continuüm van veranderingen' voor 'de ongebroken opeenvolging van veranderingen, zonder onderliggende kern of substantie die continu is'.

12 Lefebvre, H. *Rhythmanalysis. Space, time and everyday life.* Vertaling S.Elden, G. Moore. New York/London: Continuum, 2004/1992, p. 44.

13 Van Luijn, H., Keuzenkamp, S., *Werkt verlof? Het gebruik van regelingen voor verlof en aanpassing van arbeidsduur.* Den Haag: Sociaal en Cultureel Planbureau, 2004.

14 Zie o.a. T.H. Eriksen, *Tirannie van het moment. Onze strijd tegen snelle en langzame tijd.* Vertaling Uitgeverij Agora. Kampen: Agora, 2003/2001. Rosa, H. *Beschleunigung. Die Veränderung der Zeitstrukturen in der Moderne.* Frankfurt a/M: Suhrkamp, 2005. En veel ouder: Hofland, H.J.A. *Geen tijd. Op zoek naar oorzaken en gevolgen van het moderne tijdgebrek.* Amsterdam: Scheltema & Holkema, 1955.

15 Bachelard, G. *The dialectic of duration.* Vertaling M. McAllester Jones. Manchester: Clinamen Press, 2000/1950, p. 88.

16 Lefebvre, o.c., p. 87.

17 Lefebvre, o.c., p. 27.

18 Lefebvre, o.c., p. 28.

19 Cloïn, M., Schols, M., Van den Broek, A., m.m.v. Koutamanis, M. *Tijd op orde? Een analyse van de tijdsorde vanuit het perspectief van de burger.* Den Haag: Sociaal en Cultureel Planbureau, 2010.

Notities bij *De ene hond is de andere niet*

1 McEwan, o.c., p. 76.

2 Ibid, p. 84.

3 Klinkenberg, K., Strating, H., Langer doorwerken is gezond. *Zeggenschap*, september 2009, pp. 10-11.

4 Hermsen, J., *Stil de tijd. Pleidooi voor een langzame toekomst.* Amsterdam: Arbeiderspers, 2009, p. 239.

5 Hermsen, o.c., p. 264.

6 Hermsen, o.c., p. 243.

7 Nico Marsman, die promoveert op het *durée*-begrip van Bergson, attendeerde mij erop dat Bergson, anders dan Hermsen, de kloktijd niet diskwalificeert. Bergson meent dat de kloktijd praktisch en nuttig is, maar niet de 'werkelijke' tijd is. Aan die laatste kunnen we raken door ons intuïtief in de *durée* te plaatsen.

8 Hermsen, o.c., pp. 141-142.

9 Kuhn, T.S., *The structure of scientific revolutions.* Chicago/London: University of Chicago Press, 1962, p. 64 en 65.

10 Douwe Draaisma beschrijft dit verschijnsel van 'cryptomnesie', dwz dat je iets van een ander leest of hoort en vervolgens op precies hetzelfde idee komt, in: D. Draaisma. *Vergeetboek.* Groningen: Historische Uitgeverij, 2010, pp. 104-112.

11 Hermsen, o.c., pp. 10-11.

12 Hermsen, J. *Windstilte van de ziel.* Amsterdam: Arbeiderspers ism uitgeverij Ten Have, 2010, p. 54.

13 Bergson, H., *L'évolution créatrice.* Paris: Libraire Félix Alcan, 1917/1907, p. 5. Vertaling door auteur.

14 Bergson, o.c., p. 2.

15 Bachelard, o.c., p. 18.

16 Bergson, H., Duration and Simultaneity. In: Bergson, *Key* Writings, o.c., p. 208. Zie ook Time and Free Will. In: ibid, p. 53 e.v..

17 Bachelard, o.c., p. 38.

18 Bachelard, o.c., p. 39. Vertaling door auteur.

19 Bachelard, o.c., p. 19.

20 Ibid.

21 Bachelard, o.c., p. 38.

22 Bachelard, o.c., 43.

23 Van der Heijden, A.F.Th., *Tonio. Een requiemroman.* Amsterdam: De Bezige Bij, 2011, p. 615.

24 Bachelard, o.c., p. 39.

Notities bij *Omhoog, omlaag – omhoog, langzaam*

1 Dewey, J., *Art as Experience.* New York: Penguin Group, 2005/1934, p. 160.

2 Wordsworth, W., An Evening Walk (1793 text). In: Wu, D. (ed.) *William Wordsworth. The Earliest Poems 1785-1790.* Manchester: Carcanet Press, 2002, p. 62-81. Geciteerde regels staan op pp. 66 en 71.

3 Dewey, o.c., p. 160.

4 Dewey, o.c., p. 153 e.v.

5 Nabokov, V., *Ada. Een familiekroniek.* Vertaling René Kurpershoek. Amsterdam: De Bezige Bij, 1992/1969, p. 560.

6 Ibid.

7 Meulenbelt, A. *De schaamte voorbij. Een persoonlijke geschiedenis.* 1997/1976. Breda: De Geus, p. 142.

8 Lefebvre, o.c., p. 73.

9 Huijer, M., Mulder, R. *Opnieuw beginnen. Metamorfosen in het bestaan.* Amsterdam: Nieuw Amsterdam, 2009, pp. 74-79.

10 Van Daalen, M. Het sonnet voor het nieuwe huis. In: Maria van Daalen, *Elektron, muon, tau. Gedichten.* Amsterdam: Querido, 2000, p. 70.

11 Nabokov, o.c., p. 580-583.

12 Ibid, p. 586.

13 Bachelard, o.c., p. 129.

14 Bachelard, o.c., p. 130.

15 Meijer, J.H. *Een kwestie van tijd. Oratie.* Universiteit Leiden, 2008, p. 8.

16 Lefebvre, o.c., p. 16. Het woord 'euritmie' is volgens Van Dale's *Groot Nederlands Woordenboek van de Taal* afkomstig van het Griekse woord *euruthmia,* dat 'het ritmisch zijn', harmonie of goede houding betekent.

17 Lefebvre, o.c., p. 20.

18 Giphart, R., *Ik ook van jou.* Amsterdam/Antwerpen: Singel Pockets, 1992, pp. 31-32.

19 Verbogt, Th. *Schrijven is ritme.* Amsterdam: Augustus, 2007, pp. 26 en 35.

20 Lefebvre, o.c., p. 10.

Notities bij *Heilige onderbrekingen*

1 Breedveld, K. e.a., *De tijd als spiegel. Hoe Nederlanders hun tijd besteden.* Den Haag: Sociaal en Cultureel Planbureau, 2006. Cloïn, M., Schols, M., Van den Broek, A., m.m.v. Koutamanis, M. *Tijd op orde? Een analyse van de tijdsorde vanuit het perspectief van de burger.* Den Haag: Sociaal en Cultureel Planbureau, 2010. p. 33.

2 Mulder, R, Huijer, M. Geef oude rituelen rond oertradities alle ruimte. *Trouw*, 16 januari 2010.

3 Durkheim, E., *The Elementary Forms of the Religious Life.* Vertaling J.W. Swain. Mineola/New York; Fover Publications, inc., 2008/1915, p. 38.

4 Ibid.

5 Durkheim, o.c., p. 44.

6 Huijer, M. *Waarom de kerkklok 's nachts slaat.* Oratie. Erasmus Universiteit Rotterdam, 2009, p. 5.

7 Durkheim, o.c., p.63.

8 Durkheim. o.c., p. 417.

9 Durkheim, o.c., p. 419. Vertaling door auteur.

10 Durkheim, o.c., p. 427.

11 Eliade, M., *Het heilige en het alledaagse bestaan.* Kampen: Agora, 2006/1957, p. 14.

12 Eliade, M., *De mythe van de eeuwige terugkeer. Archetypen en hun herhaling.* Vertaling A. Monshouwer. Hilversum: De Boer Jr./Paul Brand, 1964/1949.

13 Eliade, o.c., 2006, p. 41. Die nabootsing van de goddelijke schepping is ondanks de vele tijd die sindsdien is voorbijgegaan niet geheel verdwenen. Tot op de dag van vandaag organiseren we rituelen en feestelijkheden om een nieuw huis in te wijden, een nieuw jaar in te luiden, een nieuw ambt te aanvaarden of een nieuw schip te water te laten.

14 Eliade, 2006, p. 50.

15 Ibid.

16 Bien, R., Astronomie und Kultur – Der Kalender im Abendland. In: M. Effinger & J. Wambsganss (red.) *Himmlisches in Büchern. Astronomische Schriften und Instrumente aus sechs Jahrhunderten.* Heidelberg: Universitätsverlag WINTER, pp. 11-12.

17 Lippincott, K., Mechanical Timekeeping in Europe: The Early Stages. In: Lippincott, o.c., pp. 132-133. Peters, P. Tijd is een afspraak. In Biowetenschappen en Maatschappij. *De 24-uurs-mens waar economie en biologie van tijd tot tijd botsen.* Cahier 3, 2006, cahier 3, pp. 15-23, p. 17. Zerubavel, E. *Hidden Rhythms. Schedules and Calendars in Social Life.* Berkeley/Los Angeles/London: University of California Press, 1981, pp. 32-44.

18 Romeyn, L.A.A., Plas van der L.C., Brinkkemper, A.J., Cremers, L.L.C.H. & Miedema, R.M, *Torenuurwerken. Tijd voor iedereen. 700 jaar openbare tijdaanwijzing.* Stichting tot behoud van het torenuurwerk, 2005, p. 28.

19 Komrij, G., Komrij's patentwekker. In: G. Komrij. *Alle gedichten tot gisteren.* Amsterdam: Arbeiderspers, 1994, pp. 193-198.

20 National Maritime Museum, Mechanical Timekeeping in Europe: The Early Stages. In K. Lippincott (ed.), *The Story of Time.* London: Merrel Holberton, 1999, pp. 132-133. Mooij, J.J.A., *Tijd en geest. Een geschiedenis.* Kampen: Agora, 2001, pp. 109-110.

21 Rifkin, J., *De grenzen van de tijd. De cruciale rol van tijd on ons leven.* Vertaling F. Bruning. Amsterdam: Balans, 1988/1987, pp. 102-104.

22 De Koninklijke Bibliotheek in Den Haag, die beschikt over een grote verzameling Getijdenboeken, noemt het boek de bestseller van de veertiende en vijftiende eeuw. Zie http://www.kb.nl/manuscripts/labours

23 Elias, N., *Een essay over tijd.* Vertaling G. van Benthem van den Bergh. Amsterdam: Meulenhoff, 1985/1982, p. 25.

24 Ackermann, S., The Principles and Uses of Calendars. Political and Social Implications. In: K. Lippincott (ed.). *The Story of Time.* London: Merrel Holberton, 1999, pp. 48-51. Jansen, M., Correctie voor feestdagen en brugdagen. In: *Centraal Bureau voor de Statistiek* 8 januari 2004.

25 In Nederland wordt jaarlijks de Moslimagenda en de Joodse agenda (samenstelling en idee Jolande Drop) uitgegeven door Bekking & Blitz Uitgevers, Amersfoort. Op het internet zijn op diverse plaatsen de joodse en islamitische 'feest'-dagen te vinden.

26 Elias, o.c., p. 20 e.v., Eliade, 1964, o.c., p. 51.

27 Goudsblom, J., *Het regime van de tijd.* Amsterdam: Meulenhoff, 1997, pp. 76-80.

28 North, J., From Observation to Record. Astronomy in Prehistoric and the Early Civilizations. In K. Lippincott (ed.) *The Story of Time.* London: Merrel Holberton, 1999, pp. 34-37.

29 Durkheim, o.c., p. 418.

30 Durkheim, o.c., p. 43. Durkheim definieert religie op p. 47 als 'een verenigd systeem aan geloofsopvattingen en praktijken die verbonden zijn met sacrale dingen, dat wil zeggen dingen die apart gezet en verboden zijn – geloofsopvattingen en praktijken die allen die zich ertoe bekennen in een enkele morele gemeenschap verenigt, genaamd de Kerk.' (Vertaling door mij, MH).

31 Zerubavel, o.c., pp. 70-71.

32 Ackerman, S., The Principles and Uses of Calenders. Political and social implications. In: Lippincott, o.c., pp. 48-51.

33 El Guindi, F., *Bij Noon Prayer. The Rhythm of Islam.* Oxford/New York: Berg, 2008, p. 101.

34 Durkheim, o.c., p. 409.

35 Ibid, p. 413.

36 Zerubavel, E, *Hidden Rhythms. Schedules and Calendars in Social Life.* Berkeley/Los Angeles/London: University of California Press, 1981, p. 32.

37 Elias, N., *Het civilisatieproces. Sociogenetische en psychogenetische onderzoekingen.* Deel I. Vertaling W. Kranendonk e.a., Amsterdam: Boom, 2001/1939, p. 194. De vertaler heeft gekozen voor 'dwang van anderen' en 'zelfdwang'. In die vertaling verdwijnt het idee dat het vooral *vreemde* anderen – vreemde ogen – zijn die dwingen.

38 El Guindi, F., *By Noon Prayer. The Rhythm of Islam.* Oxford/New York: Berg Publishers, 2008, p. 21.

39 Prediker 3: 1-8. In: De Naardense Bijbel. Vertaling door P. Oussoren, Vught: Skandalon, 2004.

40 Ibid. 1:9.

41 Durkheim, ibid, p. 422.

42 Van de Donk, W., Plum, R., Begripsverkenning. In: Van de Donk, W.B.H.J., Jonkers, A.P., Kronjee, G.J. & Plum, R.J.J.M. (red.) *Geloven in het publieke domein. Verkenningen van een dubbele transformatie.* Amsterdam: Amsterdam University Press, 2006, pp. 27-53; Sengers, E., Kwantitatief onderzoek naar religie. In: M. ter Borg, E. Borgman, M. Buitelaar, Y. Kuiper, Plum (eds.). *Handboek Religie in Nederland.* Zoetermeer: Meinema, 2008, pp. 67-81.

43 Van de Donk, o.c..

44 Houtman en Aupers spreken van een 'relocatie' van het heilige: het heilige verliest haar transcendente karakter en is verplaatst naar de diepere lagen van het zelf. Houtman, D., Aupers, S., The Spiritual Turn in the Decline of Tradition: The Spread of Post-Christian Spirituality in 14 Western Countries, 1981-2000. *Journal for the Scientific Study of Religion* 2007; 46(3): 305-320.

45 Eliade, 2006, o.c., p. 130.

46 Leayendecker, L. & Veerman, M.P., *In de houdgreep van de tijd. Onze omgang met de tijd in een consumptieve cultuur.* Budel: Damon, 2003, pp. 174-191.

47 Huijer, M., Rust en stilte zijn bedreigd goed. *Trouw*, 31 januari 2009. Ten Hooven, M., Intermezzo Vijf uur werken. Waarom is een publieke rustdag voor iedereen goed? Interview J. Hermsen en P. van Tongeren, *Nederlands Dagblad*, 10 april 2010.

Notities bij *De nieuwe goden van de regelmaat*

1 Van Gennip, S., Topprestatie in de ochtend door lampjes Verstoord bioritme. *Nederlands Dagblad*, 2 augustus 2008.

2 Kuijpers, J., Rekenen op het bioritme. *NRC Handelsblad*, 24 en 25 november 2007. Schreuder, L., Biologisch ritme bepaalt de beste schooltijden. *JeugdenCo*, 2010, 1, pp. 19-27.

3 Schöttelndreier, M., Pubers zijn geen luie volwassenen. Interview met diverse biologen. *De Volkskrant*, 10 april 2009. Zie ook: Meijer, J.H., *Een kwestie van tijd.* Oratie. Universiteit Leiden, 2008, p. 8.

4 Kuiper, J., Vroeg naar school is niets voor de uiltjes ongebaande paden, *De Pers*, 24 april 2009.

5 O'Mahoney, L., Lekker werken in je eigen bioritme. *Intermediair*, 2 juni 2009.

6 http://www.computable.nl/artikel/ict_topics/loopbaan/2957039/1458016/werkgever-moet-ict-afstemmen-op-bioritme.html

7 Van de redactie. SWOV: rij liever niet 's nachts wanneer je op vakantie gaat, *Provinciale Zeeuwse Courant*, 9 juli 2010. Het bericht verscheen in vrijwel alle regionale kranten.

8 Crawley, J., *Ontdek uw bioritmen. Uw gunstige en ongunstige momenten*

op lichamelijk, emotioneel en intellectueel gebied. Vertaling L. Van Twisk. Utrecht: Vianen en Kosmos Z&K Uitgevers, 1996.

9 Zie bijvoorbeeld de New Age site Starman Productions: http://www.starmanproductions.nl/bioritme/bioritme.html

10 Van Dijk, P., *Geneeswijzen in Nederland. Compendium van niet-universitaire geneesmethoden.* Deventer: Ankh-Hermes, 1976, pp. 269-284.

11 Hulspas, M., Nienhuys, J W., *Tussen waarheid & waanzin. Een encyclopedie der pseudo-wetenschappen.* Utrecht: Uitgeverij Scheffers, 1997, p. 51.

12 De Rotterdamse chronobioloog Bert van der Horst gebruikt de metafoor van tandwielen met kleinere en grotere radartjes die elkaar aan en uit zitten, maar ook dat blijft een mechanisch beeld. Zie: Van der Horst, G.T.J., Radartjes van ons ingebouwde uurwerk. In: Stichting BioWetenschappen en Maatschappij, *De 24-uurs-mens. Waar economie en biologie van tijd tot tijd botsen.* Den Haag: Stichting BWM, 2006/3, pp. 28-30.

13 Odijk. S., Gezond weer op. *Monitor* (Magazine van het Erasmus MC), februari/maart 2009, pp. 10-12.

14 Timmermans, S., Hoezo winterdepressie? Gesprek met chronobioloog Judith Haffmans, *de Volkskrant,* 20 januari 2011.

15 Van de redactie, Opstaan voor de Spelen kan gevaarlijk zijn; Het Interview met chronobioloog Marijke Gordijn. *de Volkskrant* 19 augustus 2008.

16 Van de redactie, Wintertijd maakt depressief: patiënten moeten biologische klok zien te herstellen. *Spits,* 26 oktober 2009.

17 Korteweg, N., Borstkanker van de kleine uurtjes; *NRC Next,* 5 januari 2010.

18 Hintum, M. Ongestoorde slaap is goed voor economie, *de Volkskrant,* 19 januari 2009.

19 Redactie wetenschap, Sociale jetlag door zomertijd. Gesprek met chronobioloog Martha Merrow, *de Volkskrant,* 28 maart 2011.

20 Geciteerd in: Weber, M., *Science as a Vocation.* In: D. Owen, T.B. Strong (eds.) *Max Weber. The Vocation Lectures.* Indiana/Cambridge: Hackett Publishing Company, pp. 1-31, pp. 15-16.

21 Rietveld, W. & Meijer, J., Onze ingebouwde klokken. Hoe wij deel uitmaken van de ritmen in de natuur. In: Stichting BioWetenschappen en Maatschappij, *De 24-uurs-mens. Waar economie en biologie van tijd tot tijd botsen.* Den Haag: Stichting BWM, 2006/3, pp. 25-27 en 31-33, p.26

22 Van der Horst, G.T.J. *Alles heeft zijn tijd.* Oratie. Erasmus Universiteit Rotterdam, 2008, p. 7. Kuhlman, S.J., Mackey, S.R., Duffy, J.F. Biologi-

cal Rhythms Workshop I: Introduction to Chronobiology. In: Stillman, B., Stewart, D., Grodzicker, S. (eds.), *Clocks and Rhythms (Cold Spring Harbor Symposia on Quantitative Biology LXXII).* Cold Spring Harbor Laboratroy Press, 2007, pp. 1-6, p. 1.

23 Het experiment van John Davy staat beschreven in: Young, M., *The Metronomic Society. Natural Rhythms and Human Timetables.* Cambridge, MA: Harvard University Press, 1988, 21. Zie ook: R.K. McPherson On having a temperature. *New Scientist* 1957, 28 november, pp. 13-14.

24 Zulley, J., Knab, B., *Unsere Innere Uhr. Natürliche Rhythmen nutzen under der Non-Stop-Belastung entgehen.* Frankfurt a/M: Mabuse-Verlag, p. 60-71.

25 Stephan, F.K., Zucker, I., Circadian rhythms in drinking behavior and locomotor activity of rats are eliminated by hypothalamic lesions. *Proceedings of the National Academy of Sciences USA* 1972; 69:1583-1586. De ontdekking werd vrijwel gelijktijdig gedaan door Moore, R.Y., Eichler, V.B., Loss of a circadian adrenal corticosterone rhythm following suprachiasmatic lesions in the rat. *Brain Research* 1972; 42:201-206.

26 Young, o.c., p. 35. Van der Horst, 2008, o.c., p. 28.

27 King, D.P., Zhao, Y., Sangoram, A.M.,Wilsbacher, L.D., Tanaka, M., Antoch, M.P., Steeves, T.D.L., Hotz Vitaterna, M., Kornhauser, J.M., Lowrey, P.L., et al, Positional cloning of the mouse circadian clock gene. *Cell* 1997; 89:641-653.

28 Antoch, M.P., Song, E., Chang, A., Hotz Vitaterna, M., Zhao, Y., Wilsbacher, L.D., Sangoram, A.M., King D.P., Pinto, L.H. and Takahashi, J.S., Functional identification of the mouse circadian clock gene by transgenic BAC rescue. *Cell* 1997; 89:655-667.

29 Sun, Z.S., Albrecht, U., Zhuchenko, O., Bailey, J., Eichele, G., & Lee, C.G., RIGUI, a putative mammalian ortholog of the *Drosophila* period gene. *Cell* 1997; 90:1003-1011. Shearman, L.P., Zylka, M.J., Weaver, D.R., Kolakowski, L.F. Jr, & Reppert, S.M. Two period homologs: Circadian expression and photic regulation in the suprachiasmatic nuclei. *Neuron* 1997; 19:1261-1269. Steeves, T.D.L., King, D.P., Zhao, Y., Sangoram, A.M., Du, F., Bowcock, A.M., Moore, R.Y. & Takahashi, J.S. Molecular cloning and characterization of the human CLOCK gene: Expression in the suprachiasmatic nuclei. *Genomics* 1999; 57:189-200.

30 Van der Horst, o.c., 2006, p. 29.

31 Daan, S. Timing: van levensbelang. In: Stichting BioWetenschappen en

Maatschappij, *De 24-uurs-mens. Waar economie en biologie van tijd tot tijd botsen.* Den Haag: Stichting BWM, 2006/3, p. 57.

32 Nederlandse chronobiologen spreken van het 'circadiane' ritme. Het *Groot Woordenboek van de Nederlandse Taal* spreekt alleen over 'circadiaans'. Ik vermoed dat 'circadiane' een verengelsing is.

33 Stillman, Stewart, Grodzicker, o.c., p. 1.

34 Rietveld, Meijer, o.c., p. 31

35 Ibid.

36 Weber, o.c., p. 18.

37 Weber, o.c., p. 26.

38 'Voor je gezondheid zou je waarschijnlijk helemaal volgens je eigen ritme moeten leven, en zo regelmatig mogelijk', aldus chronobioloog Marijke Gordijn. Zie: Koenen, L., Leven op licht. Deze week spreekt Marijke Gordijn. *NRC Handelsblad,* 12 januari 2010.

39 http://www.iisg.nl/archives/en/files/k/10757006.php.

40 Van Dijk, P., *Naar een gezonde gezondheidszorg. Gezondheidswinkels. Bijdrage tot de deprofessionalisering van de gezondheidszorg.* Deventer: Ankh-Hermes. Mol, A., Van Lieshout, P. *Ziek is het woord niet. Medicalisering, normalisering en de veranderende taal van de huisartsgeneeskunde en geestelijke gezondheidszorg, 1945-1985.* Nijmegen: Sun, 1989, p. 227.

41 Rifkin, J., *De grenzen van de tijd. De cruciale rol van tijd in ons leven.* Vertaling door F. Bruning. Amsterdam: Balans, 1988/1987, p. 243.

42 Achterhuis, H, *De markt van welzijn en geluk.* Baarn: Ambo, 1980, p. 237 e.v..Keulartz, J., *Van bestraffing naar behandeling. Een inleiding in de sociologie van de hulpverlening.* Amsterdam: Boom, 1987, pp. 148-150.

43 Campbell, C. (2007) *The Easternization of the West. A Thematic Account of Cultural Change in the Modern Era.* Boulder/London: Paradigm Publishers, 2007, pp. 102-103.

44 Campbell, o.c., p. 105.

45 Huijer, M., De natuur op het nachtkastje. Het ritme achter natuur, technologie en ethiek. In: M. Huijer, M. Smits (red.) *Moralicide. Nieuwe morele vocabulaires voor technologie.* Kampen: Klement, 2010, pp. 105-121.

46 Zie o.a. www.spirituelewinkel.nl/Litebook-elite.htm; www.aquariusage.com; http://shop.happinez.nl/homeshopping/product/pr/goede-nachtwekker/

47 Bijker, W., Bal, R. en Hendriks, R., *The paradox of scientific authority. The role of scientific advice in democracies.* Cambridge MA: MIT Press, 2009.

48 Wiese, M., C. Oster en J. Pincombe, Understanding the emerging relationship between complementary medicine and mainstream health care: A review of the literature. *Health: An Interdisciplinary Journal for the Social Study of Health, Illness & Medicine* 2010; 14 (3) 326-342. Voor een overzicht per land van het gebruik en de regulering van *Complementary and Alternative Medicine* (CAM) zie: World Health Organization, *Legal Status of Traditional Medicine and Complementary/Alternative Medicine: A Worldwide Review,* 2001.

49 Zie o.a. http://nccam.nih.gov, de website van het Amerikaanse National Center for Complementary and Alternative Medicine (CAM), dat een van de U.S. National Health Institutes is.

50 Nietzsche, F., *Die Geburt der Tragödie,* Kritische Studienausgabe 1 (Heruitgave door G.Colli en M. Montinari), Berlin/New York: De Gruyter, 1988/1872-1878, p. 25 e.v.

Notities bij *"Vind ik leuk!"*

1 http://twitter.com/#!/femkehalsema Geschreven: 7 juni 2011. Gezien: 15 juni 2011.

2 Ibid, 15 juni 2011.

3 Eriksen, Th. H., *Tirannie van het moment. Snelle en langzame tijd in het informatietijdperk.* Kampen: Agora, p. 169.

4 Zie o.a. Klein, S., *Tijd. Een gebruiksaanwijzing.* Vertaling uit het Duits door C. Van Bree. Amsterdam: Ambo, pp. 172-174. Hermsen, o.c.. Rosa, H., *Beschleunigung. Die Veränderung der Zeitstrukturen in der Moderne.* Frankfurt a/M: Suhrkamp, 2005, pp. 206-208. Klein, O.G., *Zeit als Lebenskunst.* Berlin: Wagenbach, 2008, pp. 67-75.

5 Zo drukt Arnold Bakker, hoogleraar arbeids- en organisatiepsychologie, in *NRC Handelsblad* van 30 april 2011 zijn bezorgdheid uit over het verdwijnen van herstelmomenten.

6 Frissen, V., *De domesticatie van de digitale wereld.* Oratie Erasmus Universiteit Rotterdam, 2004, p. 3. De term domesticatie van technologie ontleent ze aan Roger Silverstone.

7 Steiner, G., *In de burcht van blauwbaard.* Vertaling P. Bergsma. Amsterdam: Bert Bakker, 1971/1977, pp. 114-115.

8 Van Bommel, W.J.M., Van den Beld, G.J., Lighting for work: a review of visual and biological effects. In: *Lighting Research and Technology* 2004; 36(4), pp. 255-269.

9 Resultaten NIPO onderzoek wasgewoonten, NIPO 28 november 2006. http://www.wonen.nl/easyweb3/ep_code-06_wn_press_release-wpr_id-1377

10 Cloïn, M., Schols, M., Van den Broek, A., m.m.v. Koutamanis, M. *Tijd op orde?Een analyse van de tijdsorde vanuit het perspectief van de burger.* Den Haag: Sociaal en Cultureel Planbureau, 2010, p. 36.

11 Stichting Kijkonderzoek, *Jaarverslag 2010.*p. 5. Url: www.kijkonderzoek.nl/images/stories/Publicaties/SKO_Jaarverslag2010_WEB.pdf. In 2010 was de gemiddelde kijktijd van mensen ouder dan 6 jaar over de gehele dag 191 minuten. Zie: Stichting Kijk Onderzoek, *Jaarrapport* 2010, 2011, p. 34. Url: www.kijkonderzoek.nl/images/stories/rapporten/SKO_Jaarrapport_2010.pdf

12 Cloïn e.a., o.c., p. 33.

13 Stichting Kijk Onderzoek, *Jaarrapport* 2010, 2011, p. 5.

14 In 2010 was slechts 2,1 % van het totale kijkcijfer uitgesteld kijken binnen zes dagen, zie Ibid. p. 15.

15 Castells, M., *The Rise of the Network Society. The Information Age: Economy, Society, and Culture Volume I.* Second Edition. Malden/Oxford: Wiley-Blackwell, 2010/1996, pp. 464-468.

16 Wybenga, E. Collega's voor dag en nacht. *NRC Weekend* 30 april & 1 mei 2011, p. 5.

17 Cloïn e.a., o.c., p. 33 e.v.

18 Rosa, o.c., p. 112 e.v.

19 In 'Overlast en overleven. Kleine psychopathologie van de Homo Zappens Junior' noemt Jos de Mul een voorbeeld van Amerikanen die dankzij multitasking kans zagen ruim 43 uur aan activiteiten in iedere dag van 24 uur te persen. In: Frissen, V., De Mul, J., *De draagbare lichtheid van het bestaan. Het alledaagse gezicht van de informatiesamenleving.* Kampen: Klement/Pelckmans, 2008, p. 168.

20 Hassan, R., Purser, R.E., Introduction. In: Idem (eds.) *24/7. Time and temporality in the network society.* Stanford: Stanford Business Books, 2007, p. 11.

21 Lefebvre 2000/1992, pp. 46-47.

22 Zie o.a. Murphie, A.M., The fallen present. Time in the mix. In: Hassan en Purser, o.c., pp. 122-140. Gergen., K.J. Cell Phone Technology and the Challenge of Absent Presence. Zie: http://www.swarthmore.edu/Documents/faculty/gergen/Cell_Phone_Technology.pdf

23 Lefebvre, 2004, p. 48.

24 Agger, B., iTime. Labor and life in a smartphone era. *Time and* Society 2011, 20(1), pp. 119-136, p. 131.

25 Karman, J. Dag en nacht uit in de stad. *Parool,* 19 maart 2011.

26 Van Ede, K., iMooi. Apps. *Knack Magazine,* 27 april 2011. Zie o.a. website van de Technische Universiteit Eindhoven. Url: http://w3.tue.nl/nl/testomgeving/dienst_ict/organisatie/groepen/wins/campus_software/workpace

27 Reactie Leefritme. Mobiel internet maakt reizen prettiger. www.leefritmes.nl

28 Huysmans, F, De Haan, J. *Alle kanalen staan open. De digitalisering van mediagebruik.* Het culturele draagvlak, deel 10. Den Haag: Sociaal en Cultureel Planbureau, september 2010.

Notities bij *Ongehoorde mengsels*

1 Goemans, A-G (2003) 'Je ziet aan me dat ik pijn heb geleden' ; Leontien van Moorsel. *de Volkskrant.* Volkskrant Magazine, 6 december 2003, p. 10.

2 Sportredactie. Van Moorsel verlegt met uurrecord alweer een grens. *NRC Handelsblad,* 2 oktober 2003. Hurkmans, M., *Leontien van Moorsel. De rit van lijn leven.* House of Knowledge ism uigeversmaatschappij De Telegraaf, 2008, pp. 151-155.

3 Nijland, R., Leontien is op haar best als er bloed vloeit, *de Volkskrant,* 25 oktober 2003.

4 Rifkin, o.c.. Young, o.c.., Zulley & Knab, o.c..

5 Latour, B., *We zijn nooit modern geweest. Pleidooi voor een symmetrische antropologie.* Amsterdam: Van Gennep, 1994, p. 75.

6 Stoupel, E. et al. Clinical cosmobiology: distribution of death during 180 months and cosmophysical activity. The Luthianian study: 1990-2004. The role of cosmic arrays. *Medicine (Kausus)* 2007;43(10): 824-831. Nij-

rolder, I. (2002) De biologische klok. Over de invloed van een veronachtzaamd mechanisme. *Medisch Contact* 57 (32) 1140-1143.

7 Rose, K.J. (1988) *The Body in Time.* New York: John Wiley & Sons, p. 136.

8 In Nederland worden de meeste kinderen verwekt in november en december (en dus geboren in augustus en september). In het overzichtartikel 'Seizoensfluctuaties in geboorten: veranderende patronen door planning?. *Bevolkingstrends*, 2004, 4e kwartaal, pp. 14-22 geeft demograaf Karen Haandrikman aan dat daaraan een mix aan factoren ten grondslag ligt: stellen zouden liefst in de lente een kind verwekken, maar 'vergeten' dat het vaak enkele maanden duurt. Lentekriebels leiden dus niet onmiddellijk tot conceptie!

9 Hrushesky, W.J., Sothern, R.B., Du-Quiton, J., Quiton, D.F., Rietveld, D., Boon, M.E., Sunspot dynamics are reflected in human physiology and pathophysiology. *Astrobiology* 2011; 11(2): 93-103.

10 Lefebvre, o.c., p. 75.

11 Elias, o.c., pp. 101-107.

12 Ekirch, A.R., *At Day's Close. Night in Times Past.* New York/Londen: W.W. Norton & Company, 2005, p. 305 e.v.

13 Elias, o.c., p. 102.

14 Vargas Llosa, M., *Lof van de stiefmoeder.* Amsterdam: Meulenhoff, 1990, p. 112.

15 Lefebvre, o.c., p. 75.

16 De analyse die de socioloog geeft past in de marxistische interpretatie dat materialen, zoals roeiboten, klokken en machines, de loop van de geschiedenis bepalen.

17 De analyse die de bioloog geeft past bij de analyse die de fenomenoloog, maar ook de antroposoof, zal geven, dit keer weliswaar niet vanuit de biologie, maar vanuit de ervaring van het geleefde lichaam. Beide zullen zeggen dat het goed is om de inrichting van het leven af te stemmen op de ritmes van het lichaam.

18 Latour, o.c., p. 137.

19 Ibid, p. 16.

20 Ibid, p. 114.

21 Ibid, p. 126

22 Ibid, p. 109.

23 Biologen vermoeden dat circadiaanse klokken zo'n honderd miljoen jaar geleden, in de eerste levensvormen, zijn ontstaan. Zie: Danashree, A.P.,

Shrama, V.K., Evolution of temporal order in living organisms. Review. *Journal of Circadian Rhythms* 2005, 3(7): 1-13, p. 4.
24 Ibid, p. 15.
25 Ibid, p. 110.

Notities bij *Een goddelijke hopsasa*

1 Goudsblom, J., *Het regime van de tijd.* Amsterdam: Meulenhoff, 1997, p. 80.
2 Kruijswijk, M., Nesse, M., *Nederlandse jaarfeesten en hun liederen door de eeuwen heen.* Hilversum: Uitgeverij Verloren, 2006, p. 177.
3 Nietzsche, F., *Die fröhliche Wissenschaft,* Zweites Buch, par. 84. Kritische Studienausgabe 3 (Heruitgave door G.Colli en M. Montinari), Berlin/New York: De Gruyter, 1988/ca. 1882, p. 440. Vertaling door auteur.
4 Nietzsche, o.c., p. 442.
5 Willemze, T., *Algemene muziekleer.* Negentiende druk. Houten: Het Spectrum, 2009, p. 45. Voor een omschrijving van het begrip metrum zie Van Raalte, M., *Rhythm and Metre. Towards a systematic description of Greek Stichic verse.* Proefschrift, Rijksuniversiteit Leiden, 8 oktober 1986.
6 Nancy, J.-L., *Listening.* Vertaling uit het Frans door Ch. Mandell. New York: Fordham University Press, 2007/2002, p. 45.
7 Lefebvre, o.c., p. 2004, 64.
8 Ook in andere studies komt naar voren dat de muziek voortkomt uit de dans. Zie: Bresgen, C. *"Im Amfang war der Rhythmus ..."* Wilhelmshaven: Heinrichshofen's Verlag, 1977.
9 Nietzsche, F. *Nachgelassene Fragmente 1869-1874.* Kritische Studienausgabe 7 (Heruitgave door G.Colli en M. Montinari), Berlin/New York: De Gruyter, 1988/1871, p. 317. Vertaling door auteur.
10 Nietzsche, ibid., p. 318.
11 Nietzsche, KSA 3, p. 440. Zie ook: Grout, D.J., Palisca, C.V., *A History of Western Music.* New York/London: W.W. Norton, 2001, p. 5.
12 Nietzsche, F., *Die Geburt der Tragödie,* Kritische Studienausgabe 1 (Heruitgave door G.Colli en M. Montinari), Berlin/New York: De Gruyter, 1988/1872-1878, p. 105.
13 Ibid., p. 126 e.v.
14 www.youtube.com/watch?v=OwZKZGL3x7g
15 Steiner, G., *Real Presences.* Chicago: Chicago University Press, 1989, p. 218.
16 Steiner, o.c., p. 217.

17 Steiner, o.c., p. 6.

18 Boomkens, R. $ign of the times. Oratie. Universiteit van Amsterdam, 2000, p. 11.

19 Ibid, p. 12.

20 Nussbaum, M., *Upheavals of Thought. The Intelligence of emotions.* Cambridge: Cambridge University Press, 2001, p. 254.

21 Nietzsche, KSA 3, p. 441.

22 Steiner, G., *In de burcht van Blauwbaard.* Amsterdam: Bert Bakker, 1991/1971, pp. 111-112.

23 De triool, die Steiner *als pars pro toto* neemt voor de popmuziek, is ritmisch gezien een complex figuur: het betreft een drievoudige splitsing van een noot die niet in het metrum past. We treffen dat ritme in de eerste, tweede en vierde tel van het kinderliedje 'Olleke, bolleke, rebisolleke'. Als we zonder oefening met de linkerhand binnen de vierkwartsmaat halve noten slaan (e-ne-twe-je-drie-je-vie-re) terwijl we rechts de twee triolen (ollekebolleke), de twee halve noten (rebi) en de derde triool (solleke) slaan, raken we uit de maat, omdat de triolen niet samenvallen met de halve tonen. Zie ook Willemze, o.c., p. 61.

24 Steiner, 1989, o.c., p. 6 e.v..

25 Plato. *Verzameld Werk III.* Vertaling X. De Win. Amsterdam: Ambo, 1980, pp. 173-181.

26 Plato. *Verzameld Werk IV.* Vertaling X. De Win. Amsterdam: Ambo, 1980, pp. 143-157.

27 Scruton, R., *Waarom cultuur belangrijk is.* Vertaling J. Veenbaas. Amsterdam: Nieuw Amsterdam, 2008/2007, p. 82-85.

28 Adorno, Th. W., On Jazz. In: Adorno, Th. W. *Essays on music.* Vertaling S.H. Gillespie. London: University of California Press, 2002/1936, pp. 470-495, p. 475. Zie ook 'Farewell to Jazz', ibid, p. 496-500.

29 http://www.youtube.com/watch?v=u_ppF2yK4NM

Notities bij *Schommelingen van meer en minder*

1 Kundera, M. *Onsterfelijkheid.* Vertaling J. Beranová. Amsterdam: Ambo, 1990, p. 9.

2 Lefebvre, H., o.c., p. 39.

3 Ibid.

4 http://nl.wikipedia.org/wiki/Dressuur
5 Foucault, M., *Surveiller et punir. Naissance de la prison*. Paris: Gallimard, 1975, pp. 12-13.
6 Foucault, M., o.c., p. 152.
7 Foucault, o.c., pp. 159-161.
8 Foucault, o.c., p. 154.
9 Foucault, o.c., p. 157.
10 Foucault, o.c., p. 171. Vertaling door auteur.
11 Soetenhorst-De Savornin Lohman, De gevangenis: steengeworden discipline. Studiepleidooi tegen mythe van de vooruitgang. *NRC Handelsblad* 8 mei 1976. Geciteerd in: Lambrechts, M. *Michel Foucault. Excerpten & Kritieken*. Nijmegen: SUN, 1982, p. 168. Lambrechts geeft een uitstekend overzicht van de positieve en negatieve reacties die volgden op de publicatie van *Surveiller et punir.*
12 Foucault, M., *Het gebruik van de lust. Geschiedenis van de seksualiteit 2.* Vertaling P. Klinkenberg. Nijmegen: SUN, 1984, p. 110.
13 Huijer, M., The aesthetics of existence in the work of Michel Foucault, *Philosophy and Social Criticism* (1999) (25,2): 61-85. Huijer, M. *De kunst gewoon te leven. Aids en de bestaansesthetiek van Foucault.* Amsterdam: Boom, 1996, pp. 39-53.
14 Foucault, 1984, o.c., p. 102.
15 Foucault, 1984, o.c., pp. 99-100.
16 Prins, A. *Uit verveling.* Kampen: Klement, 2007, p. 93.
17 Sloterdijk, P., *Regeln für den Menschenpark. Ein Antwortschreiben zu Heideggers Brief über den Humanismus.* Frankfurt a/M, 1999.
18 Februari, M. Kijk uit wat je wenst, *NRC Handelsblad,* 6 juni 2011.
19 Sloterdijk, o.c., pp. 48-49. Vertaling door auteur.

Notities bij *Lekker snel. En lekker langzaam.*

1 Foucault, 1984, p. 111.
2 Zerubavel, ibid, p. 115.
3 Lawson, N. *Nigella Express. Lekker snel. Lekker snel. Lekker snel.* Vertaling door H. Schneider. Amsterdam/Antwerpen: Contact, 2007, p. 3.
4 Zulley, J., Knab, B., o.c., p. 56.
5 Cloïn e.a., o.c., p. 42.

Notities bij *De bovenste verdieping*

1 Elias, o.c., p. 101.

2 In de voor ons o zo trage jaren vijftig van de vorige eeuw schreef journalist Henk Hofland al dat mensen verslaafd zijn aan versnelling, en juist daardoor geen meer tijd hebben. Zie Hofland, o.c.. Maar zelfs vóór onze jaartelling zijn er al tijdsproblemen. Zo vertelt filosoof J.A.A. Mooij (o.c., p. 43) over de klacht van een personage in een komedie van Plautus (ong. 200 v. Chr) dat zijn dagdeling door de zonnewijzer wordt bepaald: 'Vroeger at hij als hij honger had, nu mocht hij alleen eten wanneer de tijd daarvoor gekomen was'.

Dankwoord

In 2008 vroeg *Filosofie Magazine* mij om een artikel te schrijven over hoe een goed leefritme te vinden in de 24-uurs-en-7-dagen-per-week-economie. Dat artikel vormde het beginpunt voor mijn verdere denken over ritme. In latere artikelen (o.a. in *Wijsgerig Perspectief, Tijdschrift voor Sociologie,* maandblad *Opzij,* dagblad *Trouw*), maar ook in lezingen en colleges heb ik het idee dat ritmes van doorslaggevend belang zijn voor de omgang met tijd verder uitgewerkt.

Mijn collega's van de leerstoelgroep Filosofie van Mens en Cultuur van de Faculteit der Wijsbegeerte in Rotterdam dank ik voor hun kritische en intelligente commentaren op eerdere versies van de tekst. Robin van den Akker, Ger Groot, Jos de Mul en Awee Prins, die elk een of meerdere hoofdstukken lazen, voorzagen mij tot in de eindfase van waardevolle suggesties.

De Haagse Hogeschool bood mij de kans om dit boek tijdens een onderzoeksabbatical af te ronden. Mijn naaste collega daar, Frank Meester, hielp mij om scherp te omschrijven wat muzikale ritmes zijn.

De gesprekken met promovendus Nico Marsman zetten mij aan het denken over de discontinuïteit van de tijd.

Klasien Horstman en Stef Aupers gaven mij goede adviezen over reguliere en alternatieve opvattingen van bioritmes.

Ida Sabelis stond als 'tijdmaatje' steeds klaar om over nieuwe ideeën te brainstormen.

Jean Tillie reikte mij lang geleden het begrip 'de cultus' van Durkheim aan.

Nico Tillie, die het boek van voor naar achter las, leerde mij wat de ritmes van de jeugd van tegenwoordig zijn.

Daan Tillie bereidde tijdens de afronding van dit boek haar eindexamen voor en liet me zien dat concentratie loont. Dochter en boek trekken nu beide de wijde wereld in.

Reinjan Mulder is een meesterlijk redacteur. Zijn commentaren stimuleerden me om in de herhaling steeds weer nieuwe dingen uit te proberen.

Tot slot dank ik mijn uitgever Edo Klement, die keer op keer precies de goede aanwijzing wist te geven.

Register

Namen

Zaken